Julius Caesar in Jamaican English

Two patois versions of Shakespeare's play

Liam Martin

Island

Copyright © 2013 by Liam Martin
All rights reserved.

ISBN-13: 978-1482787672
ISBN-10: 1482787679

An Island book.

All rights reserved. No part of this publication may be reproduced, stored in a retrieval system, or transmitted, in any form or by any means, electronic, mechanical, photocopying, recording, or otherwise, without the prior permission of the publisher.

DE TRAGEDY AU JULIAS CEAZAA: A Patwa Vosian

Table of Contents

Dramatis Personae	5
AC I	7
AC II	28
AC III	50
AC IV	74
AC V	92
A Rastafarian Vosian	109

Δ

Dramatis Personae

JULIAS CEAZAA, Roeman staetman an genaral
HOCTAVIUS, uon au de Chree-man-powa afta Ceazaa'
    dedt, laita Augustus Ceazaa, fhus empara au Roem
MAAK HANTONY, genaral an fren au Ceazaa, uon au de
    Chree-man-powa afta im' dedt
LEPIDUS, tod memba au de Chree-man-powa
MAACUS BRUTUS, leada au de conspirasy gaints Ceazaa
CASSIUS, instigaeta au de conspirasy
KIASCA, conspirata gaints Ceazaa
TREBONIUS, " " "
KIEUS LIGARIUS, " " "
DECIUS BRUTUS, " " "
METELLUS CIMBA, " " "
CINNA, " " "
CALPONIA, wief au Ceazaa
POHTIA, wief au Brutus
CICERO, senita
POPILIUS, "
POPILIUS LENA, "
FLAVIUS, community leada
MARULLUS, community leada
CATO, suppoata au Brutus
LUCILIUS, " " "
TITINIUS, " " "
MESSALA, " " "
VOLUMNIUS, " " "
AATIMIDORUS, a teacha au rhetoric
CINNA, a poet
VARRO, sovant to Brutus

CLITUS, " " "
CLAUDIO, " " "
STRATO, " " "
LUCIUS, " " "
DADDANIUS, " " "
PINDARUS, sovant to Cassius
De Ghohs au Ceazaa
A Fottuen-tella
A Poet
Senita, Citizn, Solja, Commana, Messenja, an Sovant

SCEEN-DEM: Roem, de conspirata-dem' kiamp neah
  Saadis, an de flatlan-dem au Philippi.

AC I, SCEEN I.
Roem. A street.

Henta Flavius, Marullus, an sotain Commana-dem.

FLAVIUS. Galang, oem, oonu hiedl creatia, ghet oonuself oem.
   Dis a olliday? Waw, oonu no know,
   Aa meckianical oonu aa meckianical, oonu no fe wauk
   Out pon a wuckday widout de sign
   Au oonu' professian? Speak, waw traid oonu dae?
FHUS COMMANA. Wie, sa, a kiaapenta.
MARULLUS. Wae yoo' ledda aepron an yoo' ruela dae?
   Waw yoo aa doo wid yoo' bess suit au clhohz on?
   Yoo, sa, waw traid yoo dae?
SECCAN COMMANA. In chuet, sa, wid respeck fi a good wuckman, Me dae juss, as yoo gho say, a cobbla.
MARULLUS. Bot waw traid yoo dae? Ansa me straight up.
SECCAN COMMANA. A traid, sa, dhat, Me oep, Me kood ues wid a saif conscians, waw dae fi real, sa, a menda au bad soel.
MARULLUS. Waw traid, yoo wretch? Yoo haunted wretch, waw traid?

SECCAN COMMANA. Naa, Me really beg yoo, sa, dho gheh out wid me; yet, if yoo gheh out, sa, Me kood menn yoo.

MARULLUS. Waw yoo aa mean by dhat? Menn me, yoo rued bwoy!

SECCAN COMMANA. Wie, sa, cobbl yoo.

FLAVIUS. Yoo a cobbla, aa no right?

SECCAN COMMANA. In chuet, sa, all dhat Me liv by aa wid de awl; Me no medl wid no traidman' matta, nau ooman' matta, bot wid awl. Me dae fi real, sa, a sujjeon fi ohl shoe; wen dem dae in graet dainja, Me recova dem. As proppa man as haeva trod pon cow-ledda doun gon pon me' aandiwuck.

FLAVIUS. Bot fi waw yoo no dae ina yoo' shop today? Wie yoo aa lead dem-ya man bowt de street?

SECCAN COMMANA. In chuet, sa, fe weah out dem' shoe fe ghet meself ina mo wuck. Bot fi real, sa, we mek olliday fe see Ceazaa an fe rejois ina im' triumph.

MARULLUS. Fi waw rejois? Waw conquess im aa bring oem?

Waw man fi ransom aa folla im aa Roem

Fe bright-up in kiaptiv bonn im' chariot wheel?

Oonu block, oonu stoen, oonu mo-woss dan sensless ting!

O oonu aad ahht, oonu cruel man au Roem,

Oonu no know Pompey? Eeyp au tiem an nuff

Oonu doun clieym up aa wall an foet,

Aa towa an wiinda, yeh, aa chibney top,

Oonu' hinfant-dem ina oonu' aan, an dae di siddoung

De oewl long day wid patiant hexpectatian

Fe see graet Pompey aa pass de street-dem au Roem.

An wen oonu see im' chariot juss appeah,
Oonu no di mek a univosal shout
Dhat Tieba trembl doung in aah' bank-dem
Fe eay de soung au oonu' vois bouncs roung
An roung ina aah' concaev shoh?
An oonu now aa poot on oonu' bess dress-clhohz?
An oonu now aa call out a olliday?
An oonu now aa choh flowa ina im' way
Dhat aa coum in triumph ova Pompey' blood?
Gwon!
Run aa oonu' ouss-dem, fall pon oonu' knee,
Pray to de god-dem fe ohhl back quick de plaeg
Dhat muss av fe fall pon dis ingratitued.

FLAVIUS. Go, go, good countryman, an, fi dis fault,
Assembl all de poh man au oonu sott,
Draw dem aa Tieba bank, an weep oonu teahs
Ina de channel, till de lowis stream
Aa kiss it aa kiss de moes iegh shoh au all.
[Exit all Commana].
See wedda dem' moes dens paat it no ghet moov;
Dem vanish tung-tie ina dem' guiltiness.
Go doung dhat aa way towaud de Kiapitol;
Dis aa way Me aa'o go. Strip doung de himaej-dem
If yoo fieyn dem dress up wid honnament.

MARULLUS. We fe doo dhat?
Yoo know it aa de feess au Lupaccal.

FLAVIUS. Aa no matta; mek no himaej
Gheh ang wid Ceazaa' trophy-dem. Me aa'o go roung
An driev-way de vulgaa-dem from de street;
Dweet too, wae yoo aa sight dem up tihk.
Dem-ya growen fedda pluck from Ceazaa' wings

Aa gho mek im flie a hoddinary pitch,
Oo els aa gho soah up ova de veew au man
An keep we all as sovant dhat aa fraid dem' shadow.
[Exit all.]

SCEEN II.
A public plais.

Chumpet music. Henta Ceazaa; Hantony, faw de rais;
    Calponia, Pohtia, Decius, Cicero, Brutus, Cassius, an
    Kiasca; a big crowd aa folla, mong dem a Fottuen-
    tella.

CEAZAA. Calponia!
KIASCA. Peeys, wo! Ceazaa aa speak.
    [Music aa ceess.]
CEAZAA. Calponia!
CALPONIA. Ya, me' boss.
CEAZAA. Stannup straight ina Hantonio' way,
    Wen im aa run im' rais. Hantonio!
HANTONY. Ceazaa, me' boss?
CEAZAA. Dho fighet ina yoo' speed, Hantonio,
    Fe touch Calponia, fi we' elda-dem say
    De barryn, touch ina dis oly rais,
    Shaik off dem' steriel cuss.
HANTONY. Me aa gho rememba.
    Wen Ceazaa say "Doo dis," it gheh doo so.

CEAZAA. Staat out, an no leey no ceramony out. [Chumpet music.]
FOTTUEN-TELLA. Ceazaa!
CEAZAA. Eh! Oo aa call?
KIASCA. Tell hevry noiz dae still. Peeys uons mo!
CEAZAA. Aa oo it ina de crowd dhat aa call pon me?
    Me eay a tung, louda dan all de music,
    Bawl Ceazaa." Speak, Ceazaa im toun fe eay.
FOTTUEN-TELLA. Bewae de ieds au Maach.
CEAZAA. Waw man aa dhat?
BRUTUS. A fottuen-tella tell yoo bewae de ieds au Maach.
CEAZAA. Poot im in front me mek me see im' fais.
CASSIUS. Fella, coum from de crowd; look pon Ceazaa.
CEAZAA. Waw yoo aa say to me now? Speak uons mo.
FOTTUEN-TELLA. Bewae de ieds au Maach.
CEAZAA. Im a dreama; mek we leey im. Pass.
    [Chumpet. Exit all bot Brutus an Cassius.]
CASSIUS. Yoo aa gho go see de pofommans au de rais?
BRUTUS. Naw Me.
CASSIUS. Me beg yoo, dweet.
BRUTUS. Me no dae gaimsom; Me aa lack som paat
    Au dhat quick spirit waw dae ina Hantony.
    No mek me ohhl back, Cassius, yoo' intentian;
    Me'o leey yoo.
CASSIUS. Brutus, Me obsov yoo now lately;
    Me no av from yoo' yiey dhat genclness
    An show au lov as Me di ues to av;
    Yoo beah too stubban an too straenj a aan
    Ova yoo' fren dhat aa lov yoo.
BRUTUS. Cassius,
    No gheh deceev; if Me doun veil me' look,

Me toun de troubl au me' expressian
Juss pon meself. Vex Me dae
Lately wid feelen me keya resolv,
Decisian ongl me meself kood mek,
Waw ghih som soil pahaps to me' behaivia;
Bot dho mek me' good fren-dem gheh greef fi dis--
Mong waw numba, Cassius, yoo dae uon --
Nau justifie heny foda me' negleck
Dan dhat poh Brutus in wau wid imself
Fighet de show au lov to hodha man.

CASSIUS. Den, Brutus, Me doun misread yoo' feelen a lot,
    An becoz au dhat dis bress au me' own di bury
    Tawt au graet value, wottwhiel meditatian.
    Tell me, good Brutus, yoo kood see yoo' fais?

BRUTUS. Na, Cassius, faw de yiey dho see ihself
    Bot by reflecksian, by som hodha ting.

CASSIUS. Aa chue dhat,
    An a real lot ih gheh lament, Brutus,
    Dhat yoo no av no such mirra as gho toun
    Yoo' ied-away wottyness back ina yoo' yiey
    Dhat yoo might see yoo' shadow. Me doun eay
    Wae eeyp au de bess respeck ina Roem,
    Excep immottal Ceazaa, aa tauk dem aa tauk bowt
      Brutus
    An aa groan dem aa groan unda dis aej' yoek,
    Di wish dhat upful Brutus di av im yiey.

BRUTUS. Ina waw dainja yoo waan lead me, Cassius,
    Dhat yoo waan me look ina meself
    Fi dhat waw no dae ina me?

CASSIUS. Fi dis, good Brutus, gheh prepae fe eay,
    An sinss yoo know yoo keya see yooself

So well as by reflecksian, Me yoo' glass,
In a chuetful way, aa gho mek yooself know
Dhat bowt yooself waw still yoo no know bowt.
An dho dae suspicious au me, gencl Brutus;
If Me di dae a comman joeka, aw di ues
Fe stayl wid hoddinary oett me' lov
To hevry uon dhat aa call, if yoo know
Dhat Me fawn pon man an ugg dem aad
An afta skiandal dem, aw if yoo know
Dhat Me chat up meself wen me aa banquet
To all de rout, den ohhl me dainjarous.
[Chumpet music an shout.]

BRUTUS. Waw dis shouten mean? Me fraid de peopl
Aa chooz Ceazaa fi dem' king.

CASSIUS. Yeh, yoo fraid it?
Den Me av fe tinck yoo no want it so.

BRUTUS. Me no want ih, Cassius, yet Me lov im well.
Bot fi waw yoo aa ohhl me ya so long?
Aa waw ih dae dhat yoo waan fe impaat to me?
If it dae henyting towaud de comman good,
poot honna ina uon yiey an dedt ina de hodha
An Me aa gho look pon boht indiffrent.
Faw mek de god-dem so elp me as Me lov
De naim au honna mo dan Me fraid dedt.

CASSIUS. Me know dhat votue fe dae ina yoo, Brutus,
As well as Me know yoo' outwaud fava.
Well, honna aa de subjeck au me' story.
Me keya tell waw yoo an hodha man
Aa tinck bowt dis lief, bot, fi me' singl self,
Me di radha naw liv fe dae
In augh au such a ting as Me meself.

Me di bhon free as Ceazaa, so yoo di bhon;
We boht doun nyam as well, an we boht kood
Enduo de winta' cohl as well as im.
Fi uons, pon a raw an gusty day,
De raejen Tieba aa chaef she aa chaef wid aah' shoh-dem,
Ceazaa say to me, "Yoo daer, Cassius, now
Jump in wid me ina dis hangry flood
An swim to yonda point?" Pon de wudd,
Deck out as Me di dae, Me plounj in
An tell im folla. So fi real im di dweet.
De torrent roah, an we di buffet it
Wid nuff strong mussl, aa choh we aa choh it asied
An aa jam we aa jam it wid ahht full au fighten spirit.
Bot befo we kood reach de point propoez,
Ceazaa bawl, "Elp me, Cassius, aw Me sink!
Me, as Aeneas we' graet ancesta
From de flaim-dem au Troy pon im' sholda
Di beah de ohl Anchises, so from de waiv-dem au
 Tieba
Me di doo de tiead Ceazaa. An dis man
Aa now coum out a god, an Cassius im
A wretched creatia an av fe benn im' body
If Ceazaa juss nod pon im kiayless.
Im di av a feva wen im di dae aa Spain,
An wen de fit di dae pon im Me di maak
Ow im di shaik. Aa chue, dis god di shaik;
Im' cowaud lip-dem di flie from dem' coula,
An dhat saim yiey oo' benn aa augh de wull
Di looz ih' lusta. Me di eay im groan.
Yeh, an dhat tung au im' own dha tell de Roeman-dem

> Maak im an wriet im' speech-dem ina dem' book,
> Oyoy, it bawl, "Ghih me som drink, Titinius,"
> As a sick gheol. Oonu god! It amaez me
> A man au such a feebl mieyn fe
> So ghet de staat au de majestic wull
> An beah de pahm aloen. [Shout. Chumpet music.]

BRUTUS. Anodha genaral shout!
> Me av fe beleev dhat dem-ya applauz dae
> Fi som new honna dhat gheh eeyp pon Ceazaa.

CASSIUS. Wie, man, im aa straddl de narrow wull
> Liek a huej statchu, an we licl man
> Wauk unda im' huej leg-dem an peep roung
> Fe fieyn weself dishonnarabl graiv.
> Man at som tiem dae masta au dem' faet:
> De fault, deah Brutus, no dae ina we' staa-dem,
> Bot ina weself dhat we aa undaling.
> Brutus an Ceazaa: waw fe dae ina dhat "Ceazaa"?
> Wie dhat naim fe gheh soung mo dan fe yoo' own?
> Wriet dem toghiada, yoo' own dae as faih a naim;
> Soung dem out, it aa fit de moutt as well;
> Weigh dem, it dae as aevy; kias spell wid dem,
> "Brutus" aa gho staat a spirit as soon as "Ceazaa."
> Now, ina de naim au all de god-dem at uons,
> Pon waw meat dis we' Ceazaa aa nyam
> Dhat im aa grow so graet? Aej, yoo gheh shaim!
> Roem, yoo doun looz de breed au upful blood-dem!
> Wen a aej di go by sinss de graet flood
> Bot it di faim wid mo dan wid uon man?
> Wen dem kood say till now dha tauk bowt Roem
> Dhat aah' wied wall-dem contain juss uon man?
> Now it dae Roem fi real, an room nuff,

Wen it av ina it juss uon man aloen.
O, yoo an Me doun eay we' poopa-dem say
Ih di av a Brutus uons dha whooda chruss
De etonal devil fe mek im' oem ina Roem
Befo im chruss a king.

BRUTUS. Dhat yoo lov me, Me no dae suspicious at all;
Waw yoo waan fe wuck me to, Me av som aim.
Ow Me doun tinck bowt dis an bowt dem-ya tiems,
Me aa gho tell yoo afta ya; fi dis presant,
Me no waan dweet, so wid lov Me av fe beg yoo,
No gheh moov no foda. Waw yoo doun say
Me aa gho consida; waw yoo av fe say
Me aa gho eay wid patians, an fieyn a tiem
Boht right fe eay an ansa such iegh ting.
Till den, me' upful fren, chew pon dis:
Brutus di radha im a small-toung man
Dan fe tauk bowt imself as a son au Roem
Unda dem-ya aad conditian as dis tiem
Dae liek fe poot pon we.

CASSIUS. Me glad dhat me' weak wudd-dem
Doun striek juss dis much show au fiea from Brutus.

{Re-enta Ceazaa an im' Train.}

BRUTUS. De gaim-dem now doun, an Ceazaa aa coum
back.

CASSIUS. As dem pass by, pluck Kiasca by de sleev,
An im, afta im' soua fashian, aa gho tell yoo
Waw doun kiarry on aa wott noet today.

BRUTUS. Me aa gho dweet. Bot, look yooself, Cassius,
De hangry spot aa glow pon Ceazaa' brow,

AC I, SCEEN II   Julias Ceazaa   17

    An all de ress aa look liek a shaimfais train:
    Calponia' cheek dae pael, an Cicero
    Aa look wid such mongooz an such fieary yiey
    As we doun see im ina de Kiapitol,
    Aa ghet im aa ghet cross in confrans by som senita.
CASSIUS. Kiasca aa gho tell we aa waw de matta.
CEAZAA. Hantonio!
HANTONY. Ceazaa?
CEAZAA. Mek me av man roung me dhat aa fat,
    Coam-haih man, an such as sleep ina de night:
    Dhat-dae Cassius av a drie an ungry look;
    Im aa tinck too much; such man dae dainjarous.
HANTONY. Dho fraid im, Ceazaa; im no dainjarous;
    Im a upful Roeman an aa mean well.
CEAZAA. Wish im di dae mo fat! Bot Me no fraid im,
    Yet if me' naim di aebl to fraid,
    Me dho know de man Me fe ied from
    So soon as dhat magga Cassius. Im read a lot,
    Im a graet obsova, an im look
    Straight choo de actian au man. Im no lov no play,
    As yoo aa lov, Hantony; im no eay no music;
    Aadly im smiel, an im smiel in such a way
    As if im mock imself an sconn im' spirit
    Dhat kood gheh moov fe smiel at henyting.
    Such man as im naeva dae at ahht' eez
    Whiel dem sight up a graeta dan demself,
    An fi dis dem aa real dainjarous.
    Me radha tell yoo wawt av fe gheh fraid
    Dan waw Me fraid, fi always Me aa Ceazaa.
    Coum pon me' right aan, fi dis aez deaf,
    An tell me in chuet waw yoo aa tinck bowt im.

[Chumpet. Exit all: Ceazaa an all im' Train excep Kiasca.]

KIASCA. Yoo pull me by de cloak; yoo waan speak wid me?

BRUTUS. Yeh, Kiasca, tell we waw doun appn today Dhat Ceazaa aa look so sad.

KIASCA. Wie, yoo di dae wid im, yoo diin dae?

BRUTUS. Me no fe aks Kiasca den waw di appn.

KIASCA. Wie, ih di av a croung offa im, an aa ghet it aa ghet offa im, im poot it by wid de back au im' aan, jusso, an den de peopl staat up aa shout dem aa shout.

BRUTUS. Waw de seccan noiz di dae faw?

KIASCA. Wie, fi dhat too.

CASSIUS. Dem shout chree tiem. Waw de lahs uon di dae faw?

KIASCA. Wie, fi dhat too.

BRUTUS. De croung di gheh offa im chree tiem?

KIASCA. Yeh, man, ih di gheh, an im poot it back chree tiem, hevry tiem mo gencl dan de hodha, an at hevry pooten back me' honnis neighba-dem shout.

CASSIUS. Oo offa im de croung?

KIASCA. Wie, Hantony.

BRUTUS. Tell we de manna au it, gencl Kiasca.

KIASCA. Me kood as well gheh ang as tell de manna au it. It di dae meah foolishness; Me diin maak it. Me see Maak Hantony offa im a croung (yet ih diin dae a croung nieda, ih di dae uon au dem-ya coronet) an, as Me tell yoo, im poot it back uons. Bot fi all dhat, to me' tincken, im so di waan av it. Den im offa it aa im again; den im poot it back again. Bot, to me' tincken, im di ait real bad fe lay im' finga-dem off it. An den im offa it de tod tiem; im poot it de tod tiem back; an still as im refuez it, de rabl-dem hoot an clap dem' scaily aan an choh up dem' sweaty nightkiap an let out such a deal au stinken brett becoz Ceazaa refuez de croung dhat it di almoes choek Ceazaa, fi im faint an fall doung wid it. An fi me' own-aa paat, Me dho daer laugh, aa fraid Me fraid fi opn me' lip-dem an receev de bad aih.

CASSIUS. Bot, soff, Me beg yoo, waw, Ceazaa di faint?

KIASCA. Im fall doung ina de maaketplais an foam from im' moutt an di dae speechless.

BRUTUS. Aa im fe real. Im av de fallen sickness.

CASSIUS. Na, Ceazaa no av ih, bot yoo, an Me,
An honnis Kiasca, we av de fallen sickness.

KIASCA. Me no know waw yoo mean by dhat, bot Me aa shuo Ceazaa fall doung. If de tagrag peopl-dem no di clap im an iss im accodden as im pleez an displeez dem, as dem ues fe doo de playa-dem ina de teayta, Me aa no chue man.

BRUTUS. Waw im say wen im coum to imself?

KIASCA. Man, befo im fall doung, wen im see ow de comman hud di glad im refuez de croung, im pluck opn fi me im' jacket an offa dem im' choat fe cut. An if ih di dae a man au heny hodha kieyn, an whooda taik im at a wudd, Me sweah Me d'aa go aa ell mong de roeg-dem. An so im fall. Wen im coum to imself again, im say, if im di doo aw say henyting no right, im beg dem' daalen-dem real bad fe tinck it di dae im' weakness-dem. Chree aw foh wench wae Me stannup bawl out, "Oyoy, good soul!" an fighiv im wid all dem' ahht. Bot it no av no eeyd fe gheh taik au dem;

if Ceazaa di stab dem' mooma-dem, dem whoonda doo no less.
BRUTUS. An afta dhat im coum away jusso sad?
KIASCA. Yeh.
CASSIUS. Cicero di say henyting?
KIASCA. Yeh, im speak Greek.
CASSIUS. To waw effeck?
KIASCA. Na, an Me tell yoo dhat, Me'o naeva look yoo ina de fais again; bot dem-dae dha undastan im smiel at uon anodha an shaik dem' edd; bot fi me' own-aa paat, it di dae Greek to me. Me kood tell yoo mo news too: Marullus an Flavius, fi pull dem aa pull skiaaf off au Ceazaa' himaej-dem, gheh poot to sielans. Fae yoo well. Ih di av mo foolishness yet, if me kood rememba it.
CASSIUS. Yoo aa gho sup wid me tonight, Kiasca?
KIASCA. Na, Me promis aready.
CASSIUS. Yoo aa gho dien wid me tomorrow?
KIASCA. Yeh, if Me dae aliev, an yoo' mieyn ohhl, an yoo' dinna wott de eaten.
CASSIUS. Good, Me aa gho expeck yoo.
KIASCA. Dweet, faewell, boht au yoo. [Exit.]
BRUTUS. Wawt a blunt fella im dae now im grow up!
  Im di quick somting wen im di go aa skool.
CASSIUS. So im now dae wen im aa kiarry out
  Heny bohl aw upful hentapriez,
  Hevrytiem im poot on dis breezy fom.
  Dis ruedness juss a sauss fi im' good wit,
  Waw ghih man stomach fe digess im' wudd
  Wid betta happetiet.
BRUTUS. An so it dae. Faw dis tiem Me aa gho leey yoo.

Tomorrow, if yoo pleez fe speak wid me,
Me aa gho coum oem aa yoo, aw, if yoo aa gho dweet,
Coum oem aa me an Me aa gho wait fi yoo.
CASSIUS. Me aa gho doo dhat. Till den, tinck bowt de wull.
[Exit Brutus].
Well, Brutus, yoo dae upful; yet, Me see
Yoo' honnarabl couraej kood gheh toun
From waw ih inclien to; fi dis, it dae right
Dhat upful mieyn keep haeva wid dem' liek;
Faw oo so foum dha keya gheh sedues?
Ceazaa beah me aad, bot im lov Brutus.
If Me di dae Brutus now an im di dae Cassius,
Im no fe play wid me. Me, dis night,
In diffrent aan-style, ina fe im' wiinda aa gho choh,
As if dem coum from diffrent citizn,
Wrieten, all aa tenn dem aa tenn to de graet opinian
Dha Roem aa ohhl au im' naim, ina waw obscuo
Ceazaa' ambitian aa gho gheh glans at.
An afta dis mek Ceazaa siddoung shuo;
Fi we aa gho shaik im, aw mo-woss days fe enduo.
[Exit.]

SCEEN III.
A street. Tunda an lightnin.

Henta, from opposit sied, Kiasca, wid im' soad draw out, an Cicero.

CICERO. Good eevnen, Kiasca. Yoo bring Ceazaa oem?
　Wie yoo dae brettless, an wie yoo aa staer so?
KIASCA. Yoo no gheh moov, wen all de sway au utt
　Aa shaik liek a ting unfoum? O Cicero,
　Me doun see big stom wen de scohlen wiin
　Di split de knotty oak-dem, an Me doun see
　De ambitious ocean swell an raej an foam
　Fe gheh exalt wid de chretnen cloud-dem,
　Bot naeva till tonight, naeva till now,
　Me di go choo a big stom aa drop it aa drop fiea.
　Iedha it av a civil strief ina aevn,
　Aw els de wull too rued wid de god-dem
　Aa incens dem fe senn destructian.
CICERO. Wie, yoo d'see henyting mo full au wonda?
KIASCA. A comman slaiv -- yoo know im well by sight --
　Ohhl up im' leff aan, waw di flaim an boun
　Liek twenty toech join, an still im' aan
　Naw sensabl au fiea remain unscotch.
　Besieds -- Me no sinss poot-way fe-me soad--
　Againts de Kiapitol Me meet a lieon,
　Oo glae pon me an di go by aad-fais
　Widout im annoy me. An it di av draw up
　Pon a eeyp a undred frightnen ooman
　Toun so wid dem' feah, oo sweah dem see
　Man all in fiea wauk up an doung de street-dem.

AC I, SCEEN III   Julias Ceazaa   23

>An yestaday de budh au night di siddoung
>Eevn in noonday pon de maaketplais,
>Aa howl an aa shreek. Wen dem-ya waunen sign
>Dem meet so toghiada, no mek man say
>"Dem-ya aa dem' reason; dem aa natral":
>Faw Me beleev dem dae sign au bad ting
>Unto de climaet dhat dem point pon.

CICERO. Fi real, it dae a straenj toun in tiem.
>Bot man kood justifie ting afta dem' fashian,
>Clean from de puppous au de ting demself.
>Ceazaa aa coum aa de Kiapitol tomorrow?

KIASCA. Im aa coum, fi im di tell Hantonio
>Senn wudd aa yoo im aa gho dae dae tomorrow.

CICERO. Good den, Kiasca. Dis distub skie
>Aa no fe wauk ina.

KIASCA. Faewell, Cicero. [Exit Cicero.]

{Henta Cassius.}

CASSIUS. Aa oo dae?
KIASCA. A Roeman.
CASSIUS. Kiasca, by yoo' vois.
KIASCA. Yoo' aez dae good. Cassius, waw night aa dis!
CASSIUS. A real pleezen night fe honnis man.
KIASCA. Oo haeva di know de aevn-dem menais so?
CASSIUS. Dem-dae dhat doun know de utt so full au fault.
>Fi me' paat, Me doun wauk choo de street-dem,
>aa submit me aa submit meself to de perilous night,
>An jusso opn, Kiasca, as yoo see,
>Doun bae me' bosom to de tundastoen;
>An wen de cross blue lightnin seem fe opn

>   De bress au aevn, Me di presant meself
>   Eevn ina de aim an flash ihself au it.
> KIASCA. Bot fi waw yoo di so much temp de aevn-dem?
>   It aa de roel fi man fe fraid an trembl
>   Wen to shock we de moes mighty god-dem
>   Senn a glimps au such dreadful ting fe coum.
> CASSIUS. Yoo aa dull, kiasca, an dem-dae spaak au lief
>   Dhat fe dae in a Roeman yoo need,
>   Aw els yoo no ues. Yoo look pael an gaiz
>   An poot on feah an kias yooself in wonda
>   Fe see de straenj impatians au de aevn-dem.
>   Bot if yoo aa gho den considia de chue coz
>   Wie all dem-ya fiea, wie all dem-ya glieden ghohs,
>   Wie budh an beess toun from dem tiep an kieyn,
>   Wie ohl man, fool, an picny aa prophesie,
>   Wie all dem-ya ting chaenj from dem' oddain way,
>   Dem' natia, an prefom faculty
>   To quality au monsta, wie, yoo aa gho fieyn
>   Dhat aevn doun infuez dem wid dem-ya spirit
>   Fe mek dem hinstrument au feah an waunen
>   To som monsta stait.
>   Now, Kiasca, Me kood naim to yoo a man
>   Juss liek dis dreadful night,
>   Dhat aa tunda, aa striek lightnin, aa opn graiv, an aa
>   roah
>   As de lieon aa doo ina de Kiapitol,
>   A man no mightya dan yooself aw me
>   In posonal actian, yet grow up outa control
>   An frightnen, as dem-ya straenj eruptian dae.
> KIASCA. Aa Ceazaa dhat yoo mean, aa no it, Cassius?
> CASSIUS. Mek it dae oo it dae, fi Roeman now

Av strenk au lihm liek to dem' ancesta.
Bot, woe de whiel! We' poopa-dem' mieyn dae ded,
An we gheh govan wid we' mooma' spirit;
We' yoek an suffaren show weself oomanish.
KIASCA. Fi real dem say de senita-dem tomorrow
Mean fe establish Ceazaa as a king,
An im aa gho weah im' croung by sea an lan
In hevry plais bot ya ina Hitaly.
CASSIUS. Me know wae Me aa gho weah dis dagga den:
Cassius from bonndaej aa gho deliva Cassius.
Ina dhat, oonu god, oonu mek de weak moes strong;
Ina dhat, oonu god, tyrant oonu defeat.
Nau stoen-buil towa, nau wall mek out au brass,
Nau aihless dungeon, nau strong link au iean
Kood dae a barria to de strenk au spirit;
Bot lief, aa weary it weary au dem-ya material baa,
Naeva aa lack powa fe free up ihself.
If Me know dis, know all de wull besieds,
Dhat paat au tyranny dhat Me aa beah
Me kood shaik off at plessia. {Tunda still.}
KIASCA. So Me kood.
So hevry slaivbwoy ina im' own-aa aan aa beah
De powa fe kiancel im' kiaptivity.
CASSIUS. An wie Ceazaa fe dae a tyrant den?
Poh man! Me know im no waan dae a wolf
Bot dhat im see de Roman-dem aa juss sheep.
Im diin dae no lieon, if Roeman diin dae deay.
Dem-dae dha wid aiss aa gho mek a mighty fiea
Staat it out wid weak straw. Waw trash Roem dae,
Waw rubbish, an waw ghiaabaej, wen it aa sov
Fi de bais matta fe illuminaet

So viel a ting as Ceazaa? Bot, O greef,
Wae yoo doun lead me? Me pahaps speak dis
In front a appy slaivbwoy; den Me know
Me' ansa av fe gheh mek. Bot Me dae aam,
An dainja to me dae indiffrent.
KIASCA. Yoo aa speak to Kiasca, an to such a man
Dhat aa no fleeren tell-tael. Ohhl, me' aan.
Dae uon mieyn fi aa poot right all au dem-ya greef,
An Me aa gho poot dis foot au me' own as faa
As oo aa go faadis.
CASSIUS. Dhat a baagain wae mek.
Now know, Kiasca, Me doun moov aready
Som sotain au de moes upful-mieyn Roeman
Fe undago wid me a hentapriez
Au honnarabl-dainjarous consequens;
An Me know by dis, dem aa wait fi me
Ina Pompey' Poch. Fi now, dis frightnen night,
It av no stur aw wauken ina de street,
An de complexian au de waedha
In fava dae liek de wuck we av in aan,
So bloody, fieary, an so terrabl.

{Henta Cinna.}

KIASCA. Stan cloes a whiel, fi ya aa coum uon ina aiss.
CASSIUS. Aa Cinna, Me juss know im by im' wauk;
Im a fren. Cinna, wae yoo aa aiss so?
CINNA. Fe fieyn yoo out. Aa oo dhat? Metellus Cimba?
CASSIUS. Na, aa Kiasca, uon incopporaet
To we' attemp. Me no gheh wait faw, Cinna?
CINNA. Me dae glad au it. Wawt a frightnen night aa dis!

AC I, SCEEN III — Julias Ceazaa

It av two aw chree au we doun see straenj ting.
CASSIUS. Me no gheh wait faw? Tell me.
CINNA. Yeh, yoo gheh.
   O Cassius, if yoo kood
   Juss win de upful Brutus to we' paaty--
CASSIUS. Dae content. Good Cinna, taik dis paipa,
   An look yoo lay it up ina de iegh-judj' chaih,
   Wae Brutus kood juss fieyn it; an choh dis
   Ina im' wiinda; poot dis up wid wax
   Pon ohl-man Brutus' statchu. All dis doun,
   Coum back aa Pompey' Poch, wae yoo aa gho fieyn
    we.
   Decius Brutus an Trebonius dae dae?
CINNA. All bot Metellus Cimba, an im gon
   Fe look yoo aa yoo' ouss. Well, Me aa gho urry
   An so sov out dem-ya paipa as yoo tell me.
CASSIUS. Dhat doun, coum back aa Pompey' Teayta.
   [Exit Cinna.]
   Coum, Kiasca, yoo an Me aa gho yet befo day
   See Brutus aa im' ouss. Chree paat au im
   Aa we' own aready, an de man entiea
   Pon de nex encounta aa yeel imself we' own.
KIASCA. O, im aa siddoung iegh ina all de peopl' ahht,
   An dhat waw gho look liek wrong ting ina we,
   Im' expressian, liek strong strong chemistry,
   Aa gho chaenj to votue an to wottwhiel ting.
CASSIUS. Im an im' wott an we' graet need au im
   Yoo right well doun tinck bowt. Mek we go,
   Fi it dae afta midnight, an befo day
   We aa gho waik im up an dae shuo au im. [Exit all.]

AC II,. SCEEN I.
Unda Brutus' fruit-tree-dem.

Henta Brutus.

BRUTUS. Wawt, Lucius, wo!
    Me keya, by de progress au de staa-dem,
    Ghih guess ow neah to day. Lucius, Me say!
    Me wish it di dae me' fault fe sleep so soung.
    Wen, Lucius, wen? Waik up, Me say! Waw, Lucius!

{Henta Lucius.}

LUCIUS. Yoo call, me' boss?
BRUTUS. Gheh me a kiandl ina me' offis, Lucius.
    Wen it aa light up, coum an call me ya.
LUCIUS. Me aa gho dweet, me' boss. [Exit.]
BRUTUS. It av fe dae by im' dedt, yet, fi me' paat,
    Me no know no posonal coz fe toun gaints im,
    Bot fi de comman good. Im waan gheh croung:
    Ow dhat might chaenj im' natia, dhat aa de questian.
    Aa de bright day waw bring owt de viepa
    An call fe kiayful wauken. Croung im now,
    An den, Me bet, we poot a sting ina im
    Dhat at im' will im kood doo dainja wid.

De abues au graetness aa wen it aa taik-way
Pity from powa, bot, fe speak chuet bowt Ceazaa,
Me naeva know wen im' emotian gheh sway
Mo dan im' reason. Bot a comman proof ih dae
Dhat low doung ting aa young ambitian' ladda,
Tu waw de upwaud-clieyma toun im' fais;
Bot wen im uons ghet to de upmoes roung,
Im den towaud de ladda toun im' back,
Aa look im aa look ina de cloud-dem, aa sconn im aa
  sconn de bais degree-dem
By waw im di go up. So Ceazaa might;
Den, lehs im might, prevent. An, sinss de quarrel
Naa gho beah no fruit out au de ting im dae,
Fashian it jusso: dhat waw im dae, coum mo,
Gho den run to dem-ya an dem-ya extreem ting;
An, fi dis, tinck im as a sopant' hegg
Waw atch gho den as ih' kieyn grow mischeevous,
So kill im den ina de shell.

{Re-enta Lucius.}

LUCIUS. De kiandl aa boun ina yoo' wuckroom, sa.
      Aa sutch Me aa sutch de wiinda fi a flint Me fieyn
      Dis paipa seal up jusso, an Me dae shuo
      It diin laydoung dae wen Me di go aa bed.
{Aa ghih im de letta.}
BRUTUS. Ghet yooself aa bed again, aa no day.
      Tomorra no dae, bwoy, de ieds au Maach?
LUCIUS. Me no know, sa.
BRUTUS. Look ina de kialendaa an bring me wudd.
LUCIUS. Me aa gho dweet, sa. [Exit.]

BRUTUS. De fallen-staa-dem aa whiz dem aa whiz ina de aih
    Ghih so much light dhat Me kood read by dem.
                [Aa opn de letta an read.]

      "Brutus, yoo aa sleep: waik up an see yooself!
      Roem, etc., aa gho... Speak, striek, poot right!"
      "Brutus, yoo aa sleep: waik up!"

    Such instigatian offn di gheh drop
    Wae Me di taik dem up.
    "Roem, etc., aa gho..." Jusso Me av fe peess it out.
    Roem aa gho stan unda uon man' augh? Waw, Roem?
    Me' ancesta-dem from de street au Roem di
    Driev-way de Taaquin, wen im di gheh call a king.
    "Speak, striek, poot right!" Me gheh beg
    Fe speak an striek? O Roem, Me mek yoo promis,
    If de right ting aa gho folla, yoo aa receev
    Yoo' full petitian at de aan au Brutus!

{Re-enta Lucius.}

LUCIUS. Sa, Maach doun gon fifteen days.
    [Aa knock it aa knock insied.]
BRUTUS. Aa good. Go aa de gaet, sombody aa knock.
    [Exit Lucius.]
    Sinss Cassius fhus di whet me gaints Ceazaa
    Me no sleep.
    Between de dooen au a dreadful ting
    An de fhus motian, all de in between dae
    Liek a phantom sceen aw a nightmae dream;

De deep soul an de mottal body an mieyn
Den dae in sessian, an de stait au man,
Liek to a licl kingdom, aa suffa den
De natia au a revolutian.

{Re-enta Lucius.}

LUCIUS. Sa, aa yoo' bredha Cassius aa de doh,
   Oo aa beg real bad fe see yoo.
BRUTUS. Im dae aloen?
LUCIUS. Na, sa, it av mo wid im.
BRUTUS. Yoo know dem?
LUCIUS. Na, sa, dem' att dae pull roung dem' aez,
   An ahhf dem' fais bury ina dem' cloak,
   Dhat by no means Me kood mek out aa oo
   By heny maak dem av.
BRUTUS. Mek dem henta. [Exit Lucius.]
   Dem aa de factian. O Conspirasy,
   Aa shaim yoo shaim fe show yoo' dainjarous brow by
      night,
   Wen heevl ting dae moes free? O, den, by day
   Wae yoo aa gho fieyn a kiavon nuff daak
   Fe cova up yoo' monsta-fais? No look non,
      Conspirasy;
   Ied it in smiel an frenlyness to all;
   Faw if yoo galang, aa look liek yoo look,
   Naw de god au night ihself di dae nuff dim
   Fe ied yoo from preventian.

{Henta de conspirata-dem, Cassius, Kiasca, Decius, Cinna,
   Metellus Cimba, an Trebonius.}

CASSIUS. Me tinck we dae too bohl pon yoo' ress.
    Good monnen, Brutus, we aa troubl yoo?
BRUTUS. Me doun dae up dis houa, awaik all night.
    Me know dem-ya man dhat aa coum along wid yoo?
CASSIUS. Yeh, hevry man au dem, an no man ya
    Bot aa honna yoo, an hevry uon aa wish
    Yoo ongl di av dhat opinian au yooself
    Waw hevry upful Roeman aa beah au yoo.
    Dis aa Trebonius.
BRUTUS. Im welcoum by ya.
CASSIUS. Dis, Decius Brutus.
BRUTUS. Im welcoum too.
CASSIUS. Dis, Kiasca; dis, Cinna; an dis, Metellus Cimba.
BRUTUS. Dem all welcoum.
    Waw watchful kiay aa poot ihself
    Between yoo' yiey-dem an night?
CASSIUS. Me kood av a wudd? [Dem whispa.]
DECIUS. De eas dae ya. Aa no ya de day braek dae?
KIASCA. Na.
CINNA. O, paadn, sa, aa chue, an dem grey lien
    Dhat aa cross de cloud-dem aa messenja au day.
KIASCA. Yoo aa gho admit dhat oonu boht gheh deceev.
    Ya, as Me point me' soad, de sun aa riez up,
    Wawt aa mek a long way to de soudt,
    Wen yoo consida de ully season au de yeay.
    Som two monts galang up iegha towaud de nodt
    Im fhus aa presant im' fiea, an de iegh eas
    Aa stan liek de Kiapitol, right ya so.
BRUTUS. Ghih me oonu aan all ova, uon by uon.
CASSIUS. An mek we sweah we' resolutian.

BRUTUS. Na, naw a oett. If naw de fais au pain,
De suffaren au we' soul, de tiem' abues --
If dem-ya dae motiv weak, braek off quick,
An hevry man galang aa im' hiedl bed;
So mek iegh-sight tyranny run loos
Till hevry man drop uon by uon. Bot if dem-ya,
As Me dae shuo dem aa doo, beah nuff fiea
Fe kindl cowaud an fe poot braivry pon
De melten spirit au ooman, den, countryman,
Waw we need heny spuh bot we' own-aa coz
Fe prick we to right ting? Waw hodha bonn
Dan secret Roeman dha doun speak de wudd
An naa gho look back? An waw hodha oett
Dan honnisty to honnisty hengaej
Dhat dis aa gho dae aw we aa gho fall fi it?
Mek preeys an cowaud an man full au trick sweah,
Ohl liefless body an such suffaren soul
Dhat aa welcoum wrong; unto bad coz mek sweah
Such peopl waw man doutt; bot dho stain
De eevn votue au we' hentapriez,
Nau de hinsuppressiv couraej au we' spirit,
Fe tinck dhat iedha we' coz aw we' pofommans
Di need a oett; wen hevry drop au blood
Dhat hevry Roeman aa beah, an aa beah upful,
Dae guilty au ih own-aa back-stabben
If im braek de smallis paaticl
Au heny promis dha doun pass from im lip.
CASSIUS. Bot waw bowt Cicero? We aa gho soung im?
Me tinck im aa gho stannup real strong wid we.
KIASCA. Dho mek we leey im out.
CINNA. Na, by no means.

METELLUS. O, mek we av im, fi im' silva haih-dem
    Aa gho puchaes we a good opinian,
    An buy man' vois fe tell ow we' ting-dem aa doo.
    It aa gho gheh say im' judjment d'ruel we' aan;
    We' yoot an wieylness no way aa gho appeah,
    Bot all gheh bury ina im' seriousness.
BRUTUS. O, dho naim im; mek we no deal wid im,
    Fi im naeva aa gho folla henyting
    Dhat hodha man staat out.
CASSIUS. Den leey im out.
KIASCA. Fi real im no dae fit.
DECIUS. No man els aa gho gheh touch bot Ceazaa aloen?
CASSIUS. Decius, good point. Me aa tinck it no dae good
    Maak Hantony, so well lov by Ceazaa,
    Fe outliv Ceazaa. We aa gho fieyn im
    A real smaat schema; an yoo know im' means,
    If im add to dem, kood well stretch so faa
    As fe annoy all au we, waw to prevent,
    Mek Hantony an Ceazaa fall toghiada.
BRUTUS. We' coess aa gho seem too bloody, Kieus Cassius,
    Fe cut de edd off an den hack de lihm-dem
    Liek wratt ina dedt an envy aftawauds;
    Fi Hantony dae juss a lihm au Ceazaa.
    Mek we dae sacrifiessa, bot naw butcha, Kieus.
    We all stannup gaints de spirit au Ceazaa,
    An ina de spirit au man it no av no blood.
    O, dhat we den kood coum by Ceazaa' spirit,
    An naw dismemba Ceazaa! Bot, oyoy,
    Ceazaa av fe bleed fi it! An, gencl fren oonu,
    Mek we kill im bohl, bot naw wid wratt;
    Mek we caav im as a dish fit fi de god-dem,

Naw chop im as a caacas fit fi dog;
Naw mek we' ahht, as cunnen masta doo,
Stur up dem' sovant to a ac au raej
An afta seem to blaim dem. Dis aa gho mek
We' puppous necessary an naw envious,
Waw so aa look it aa look to de comman yiey,
We aa gho gheh call pouja, naw moudara.
An fi Maak Hantony, dho tinck au im,
Fi im keya doo no mo dan Ceazaa' aan
Wen Ceazaa' edd dae off.
CASSIUS. Still Me fraid im,
Faw ina de root-doung lov im aa beah fi Ceazaa--
BRUTUS. Oyoy, good Cassius, dho tinck au im.
If im lov Ceazaa, all dhat im kood doo
Aa to imself, taik tawt an ded fi Ceazaa.
An dha di dae a lot im fe doo, fi im ghih imself
To spoats, to wieylness, an eeyp au company.
TREBONIUS. It no av nottn fe fraid ina im -- dho leh im ded,
Fi im aa gho liv an laugh at dis afta ya.
[Clock aa striek.]
BRUTUS. Peeys, count de clock.
CASSIUS. De clock doun striek chree.
TREBONIUS. It aa tiem fe paat.
CASSIUS. Bot it dae douttful still
Wedda Ceazaa aa gho coum owt today aw not,
Fi lately im coum supastitious,
Qwiet from de strong opinian im d'ohhl uons
Bowt fantasy, bowt dream, an bowt predictian.
It kood dae dem-ya apparant waunen sign,
De unaccustam terra au dis night,

> An de posuasian au im' obeah-man-dem
> Kood ohhl im back from de Kiapitol today.

DECIUS. Naeva fraid dhat. If aa so im resolv,
> Me kood sway im ova, fi im lov fe eay
> Dhat uniconn kood gheh betray wid tree,
> An beah wid glass, helephant wid hoel,
> Lieon wid net, an man wid flattara;
> Bot wen Me tell im im ait flattara,
> Im say aa chue, aa ghet im aa ghet flatta moes den.
> Mek me wuck;
> Fi Me kood ghih im' tempa de chue benn,
> An Me aa gho bring im aa de Kiapitol.

CASSIUS. Naa, we all au we aa gho dae dae fe fetch im.

BRUTUS. By de eightt houa. Dhat aa de uttamoes?

CINNA. Mek dhat de uttamoes, an dho fail den.

METELLUS. Kieus Ligarius aa beah Ceazaa aad,
> Oo d'fault im fi im aa speak well au Pompey.
> Me wonda non au yoo di tinck au im.

BRUTUS. Now, good Metellus, galang by im.
> Im lov me well, an Me doun ghih im reason;
> Juss senn im on ya, an Me'o fashian im.

CASSIUS. De monnen aa coum pon we. We'o leey yoo,
> Brutus,
> An, fren, dispous oonuself, bot all rememba
> Waw oonu doun say, an show oonuself chue Roeman.

BRUTUS. Good genclman, look fresh an iery;
> No mek we' look show up we' puppous,
> Bot beah it as we' Roeman acta-dem dweet,
> Wid untiead spirit an nonstop dignity.
> An so, good monnen to yoo hevry uon.
>> [Exit all bot Brutus.]

AC II, SCEEN I   Julias Ceazaa   37

>Bwoy! Lucius! Fass asleep? Aa no matta.
>Enjoy de oeny-aevy djew au slumba;
>Yoo no av no fansy nau no obsessian,
>Waw busy kiay aa draw ina de brain au man;
>Fi dis yoo aa sleep so soung.

{Henta Pohtia.}

POHTIA. Brutus, me' boss!
BRUTUS. Pohtia, waw yoo mean? Fi waw yoo aa riez up now?
>It no dae fi yoo' elt jusso fe commit
>Yoo' weak conditian to de raw cohl monnen.
POHTIA. Nau fi yoo' own nieda. Brutus, yoo doun ghet
>Up, rough rough, from me' bed; an lahsnight aa suppa
>Yoo riez up suddn an wauk roung,
>Aa muez yoo aa muez an aa sigh, wid yoo' aan-dem cross;
>An wen Me aks yoo waw de matta di dae,
>Yoo staer pon me wid rough rough look.
>Me press yoo foda; den yoo scratch yoo' edd,
>An too impatiant stamp wid yoo' foot.
>Still Me insiss, still yoo no ansa,
>Bot wid a hangry waiv-back au yoo' aan
>Ghih sign fi me fe leey yoo. So Me di dweet,
>Aa fraid Me fraid fe strenkn dhat impatians
>Waw seem too much enkindl, an wid all
>Aa oep Me aa oep it di dae juss a effeck au tempa,
>Waw somtiem av ih' houa wid hevry man.
>It naa gho leh yoo eat, nau tauk, nau sleep,
>An, if ih kood wuck so much pon yoo' shaip

As it doun prevail pon yoo' conditian,
Me no fe know yoo, Brutus. Deah me' boss,
Gheh me acquaint wid yoo' coz au greef.
BRUTUS. Me no dae well in elt, an dhat aa all.
POHTIA. Brutus im wiez, an, if im diin dae in elt,
Im whooda hembrais de means fe coum by it.
BRUTUS. Wie, so Me aa doo. Good Pohtia, go aa bed.
POHTIA. Brutus aa sick, an it aa physical
Fe wauk unbraiss an suck up de moistia
Au de dank monnen? Waw, Brutus aa sick,
An im aa gho steal out au im' oewlsom bed
Fe daer de viel contagian au de night
An temp de damp unelty aih
Fe add mo to im' sickness? Na, me' Brutus,
Yoo av som sick wrong ting ina yoo' mieyn,
Waw by de right an votue au me' plais
Me fe know bowt; an, pon me' knee,
Me chaam yoo, by me' uons tauk bowt beuty,
By all yoo' vow-dem au lov an dhat graet vow
Waw di incopporaet an mek we uon,
Dhat yoo unfohl to me, yooself, yoo' ahhf,
Wie yoo aa aevy an waw man-dem tonight
Doun av resot to yoo; fi ya di dae
Som six aw sevn, oo di ied dem' fais
Eevn from daakness.
BRUTUS. No kneel, gencl Pohtia.
POHTIA. Me no fe need, if yoo di dae gencl, Brutus.
Ina de bonn au marraej, tell me, Brutus,
It aa de ruel Me no fe know no secret
Dhat appotain aa yoo? Me dae yooself
Juss, as if ih di dae, in sott aw limitatian,

Fe keep wid yoo aa meal, comfot yoo' bed,
An tauk to yoo somtiems? Me aa dwell juss ina de subbub-dem
Au yoo' good plessia? If aa no mo,
Pohtia aa Brutus' haalat, naw im' wief.

BRUTUS. Yoo aa me' chue an honnarabl wief,
As deah to me as de ruddy drop-dem dae
Dhat aa visit me' sad ahht.

POHTIA. If dis di chue, den Me fe know dis secret.
Me grant Me a ooman, bot wid all
A ooman dhat Boss Brutus taik fe wief.
Me grant Me a ooman, bot wid all
A ooman tauk good bowt, Cato' dawta.
Yoo tinck Me no dae stronga dan me' sex,
Aa ghet Me aa ghet poopa so an husban so?
Tell me yoo' counsel-dem, Me naa gho discloez dem.
Me doun mek strong proof au me' steadyness,
Aa ghih Me aa ghih meself a voluntary woong
Ya ina de tigh. Me kood beah dhat wid patians
An naw me' husban' secret-dem?

BRUTUS. O oonu god,
Mek me wotty au dis upful wief! [Aa knock it aa knock insied.]
Lissn, lissn, uon aa knock. Pohtia, go in a whiel,
An by an by yoo' bosom aa gho shae in
De secret-dem au me' ahht.
All me' engaejment-dem Me aa gho justifie to yoo,
All de lien-dem an stroek au me' sad brow.
Leey me wid aiss. [Exit Pohtia.] Lucius, aa oo dhat aa knock?

{Re-enta Lucius wid Ligarius.}

LUCIUS. A sick man dae ya dha waan speak wid yoo.
BRUTUS. Kieus Ligarius, dhat Metellus speak bowt.
    Bwoy, stan asied. Kieus Ligarius, ow?
LIGARIUS. Allow a good monnen from a feebl tung.
BRUTUS. O, wawt a tiem yoo doun chooz out, braiv Kieus,
    Fe weah a kocheef! If ongl yoo diin dae sick!
LIGARIUS. Me no dae sick, if Brutus av in aan
    Heny exploit wotty de naim au honna.
BRUTUS. Such a exploit Me av in aan, Ligarius,
    If yoo di av a elty aez fe eay bowt ih.
LIGARIUS. By all de god-dem dhat Roeman bow in front,
    Ya Me discaad me' sickness! Soul au Roem!
    Braiv son, deriev from honnarabl waislien!
    Yoo, liek a exosciss, doun conjuo up
    Me' mottifie spirit. Now tell me run,
    An Me aa gho striev wid ting impossabl,
    Yeh, ghet de betta au dem. Waw fe doo?
BRUTUS. A peess au wuck dhat aa gho mek sick man oewl.
LIGARIUS. Bot aa no som oewl dhat we av fe mek sick?
BRUTUS. Dhat we av fe doo also. Wawt ih dae, me' Kieus,
    Me aa gho unfohl to yoo, as we aa go,
    To ooh it av fe gheh doo.
LIGARIUS. Set pon yoo' foot,
    An wid a ahht fiea up new Me aa folla yoo,
    Fe doo waw Me no know; bot it aa nuff
    Dhat Brutus aa lead me on.
BRUTUS. Folla me den. [Exit all.]

SCEEN II.
Ceazaa' ouss. Tunda an lightnin.

Henta Ceazaa, ina im' nightgung.

CEAZAA. Nau aevn nau utt doun dae at peeys tonight.
    Chree tiem Calponia ina aah' sleep doun bawl out,
    "Elp, wo! Dem aa mouda Ceazaa!" Aa oo in dae?

{Henta a Sovant.}

SOVANT. Me' boss?
CEAZAA. Go tell de preeys-dem fe offa sacrifiess,
    An bring me dem' opinian au waw coum out.
SOVANT. Me aa gho dweet, me' boss. [Exit.]

{Henta Calponia.}

CALPONIA. Waw yoo mean, Ceazaa? Yoo tinck fe wauk owt?
    Yoo naa gho stur out au yoo' ouss today.
CEAZAA. Ceazaa aa gho fawaud: de ting-dem dha tretn me
    Naeva look bot pon me' back; wen dem aa gho see
    De fais au Ceazaa, dem juss vanish.
CALPONIA. Ceazaa, Me d'naeva beleev in predictian,
    Yet now dem aa frightn me. It av uon insied,
    Besieds de ting-dem dhat we doun eay an see,
    Aa recount moes horrid ting see by de watch.
    A lieoness doun cub ina de street;
    An graiv di yawn, an yeel up dem' ded;
    Feays fieary wauria-dem fight pon de cloud,

> In rank an squadran an real fom au wau,
> Waw drizl blood pon de Kiapitol;
> De noiz au batl huhtl ina de aih,
> Oss di neigh an dieen man di groan,
> An ghohs di shreek an squeal choo de street-dem.
> O Ceazaa! Dem-ya ting dae beyon all ues,
> An Me fraid dem.

CEAZAA. Waw kood gheh avoid
> Oo' enn gheh puppous by de mighty god-dem?
> Yet Ceazaa aa gho go owt, fi dem-ya predictian
> aa fe de wull in genaral as fe Ceazaa.

CALPONIA. Wen begga-dem ded, it no av no comet gheh see;
> De aevn demself blaiz owt de dedt au prins.

CEAZAA. Cowaud ded eeyp au tiem befo dem' dedt;
> De braiv man naeva tais au dedt bot uons.
> Au all de wonda-dem dhat Me yet doun eay,
> It aa seem to me moes straenj dhat man fe fraid,
> Aa see dem aa see dhat dedt, a necessary enn,
> Aa gho coum wen it aa gho coum.

{Re-enta Sovant.}

> Waw de sign-reada-dem aa say?

SOVANT. Dem no waan yoo fe stur owt today.
> Aa pluck dem aa pluck owt de guts-dem au a offahen,
> Dem koon fieyn a ahht ina de beess.

CEAZAA. De god-dem aa doo dis in shaim fi cowaudis.
> Ceazaa fe dae a beess widout a ahht
> If im fe stay aa oem today fi feah.
> Na, Ceazaa naa gho dweet. Dainja know full well

Dhat Ceazaa aa mo dainjarous dan im.
We aa two lieon gheh bhon in uon day,
An Me de elda an mo terrabl.
An Ceazaa aa gho go owt.
CALPONIA. Oyoy, me' boss,
Yoo' wisdom gheh consuem in confidens.
Dho go owt today. Call it me' feah
Dhat aa keep yoo ina de ouss an naw yoo' own.
We'o senn Maak Hantony aa de Senaet Ouss,
An im aa gho say yoo no dae well today.
Mek me, pon me' knee, prevail ina dis.
CEAZAA. Maak Hantony aa gho say Me no dae well,
An, fi yoo' mieyn' eez, Me aa gho stay aa oem.

{Henta Decius.}

Ya Decius Brutus dae, im aa gho tell dem so.
DECIUS. Ceazaa, all hail! Good monnen, wotty Ceazaa!
Me coum fe fetch yoo aa de Senaet Ouss.
CEAZAA. An yoo aa coum in real good tiem
Fe beah me' greeten aa de senita-dem
An tell dem dhat Me naa gho coum today.
Keya, dae falss, an dhat Me dho daer, falssa:
Me naa gho coum today. Tell dem so, Decius.
CALPONIA. Say im aa sick.
CEAZAA. Ceazaa aa gho senn a lie?
In conquess Me doun stretch me' aan so faa
Fe dae fraid fe tell graybeayd-dem de chuet?
Decius, go tell dem Ceazaa naa gho coum.
DECIUS. Moes mighty Ceazaa, mek me know som coz,
Lehs Me gheh laugh at wen Me tell dem so.

CEAZAA. De coz dae ina me' will: Me naa gho coum,
    Dhat aa nuff fe satisfie de Senaet.
    Bot, fi yoo' prievaet satisfactian,
    Becoz Me lov yoo, Me aa gho leh yoo know.
    Calponia, me' wief ya, aa keep me aa oem;
    She dream lahs night she see me' statchu,
    Waw, liek a foungtain wid a undred spout,
    Di run puo blood, an eeyp au nuff strong Roeman
    Coum, aa smiel dem aa smiel, an di baidh dem' aan ina it.
    An dem-ya she applie fi waunen an sign au bad
    An heevl ting dhat aa wait fe coum, an pon aah' knee
    Doun beg dhat Me aa gho stay aa oem today.
DECIUS. Dis dream gheh intopret all wrong;
    It di dae a visian faih an fottuenaet.
    Yoo' statchu, aa spout it aa spout blood in a eeyp au piep,
    Ina waw so much smielen Roeman d'baidh,
    Aa signifie dhat from yoo graet Roem aa gho suck
    Revieven blood, an dhat graet man-dem aa gho press
    Fi blood-clhot, stain, relic, an memento.
    Dis by Calponia' dream gheh signifie.
CEAZAA. An dis way yoo doun explain it good.
DECIUS. Aa chue, wen yoo doun eay waw Me kood say.
    An know it now, de Senaet doun decied
    Fe ghih dis day a croung to mighty Ceazaa.
    If yoo aa gho senn dem wudd yoo naa gho coum,
    Dem might chaenj dem' mieyn. Besieds, it might dae a mock
    Waw fe gheh mek, fi som-uon fe say
    "Break up de Senaet till anodha tiem,

>Wen Ceazaa' wief aa gho meet wid betta dream."
>If Ceazaa ied imself, dem naa gho whispa
>"Look, Ceazaa im fraid"?
>Paadn me, Ceazaa, faw me' deep deep lov
>Fe yoo' welfae aa mek me tell yoo dis,
>An reason aa de sovant au me' lov.

CEAZAA. Ow foolish yoo' feah-dem aa seem now,
>Calponia!
>Me dae ashaim Me di yeel to dem.
>Ghih me me' roeb, fi Me aa gho go.

{Henta Publius, Brutus, Ligarius, Metellus, Kiasca,
>Trebonius, an Cinna.}

An look wae Publius now coum fe fetch me.
PUBLIUS. Good monnen, Ceazaa.
CEAZAA. Welcoum, Publius.
>Waw, Brutus, aa yoo stur out so ully too?
>Good monnen, Kiasca. Kieus Ligarius,
>Ceazaa di naeva dae so much yoo' henemy
>As dhat saim feva waw doun mek yoo drie.
>Wawt o'clock aa it?
BRUTUS. Ceazaa, it aa striek eight.
CEAZAA. Me tanck yoo fi yoo' pain an niesness.

{Henta Hantony.}

>See, Hantony, dhat aa paaty long ina de night,
>Dae up naeva-de-less. Good monnen, Hantony.
HANTONY. So to moes upful Ceazaa.
CEAZAA. Tell dem prepae insied.

Me av fe gheh blaim fe gheh wait pon so.
Now, Cinna; now, Metellus; waw, Trebonius,
Me av a houa' tauk in stoh fi yoo;
Rememba dhat yoo call pon me today;
Dae neah me, dhat Me kood rememba yoo.
TREBONIUS. Ceazaa, Me aa gho dweet. [Asied.] An so
   neah Me aa gho dae
Dhat yoo' bess fren-dem aa gho wish Me di dae foda.
CEAZAA. Good fren oonu, go in an tais som wien wid me,
   An we liek fren aa gho straightway go toghiada.
BRUTUS. [Asied.] Dhat hevry liek aa no de saim, O Ceazaa,
   De ahht au Brutus aa yunn fe tinck pon! [Exit all.]

SCEEN III.
A street neah de Kiapitol.

Henta Aatimidorus, aa read im aa read paipa.

AATIMIDORUS. "Ceazaa, bewae au Brutus; taik eeyd au
   Cassius; no coum neah kiasca; av a yiey fi Cinna;
dho chruss Trebonius; maak good Metellus Cimba;
Decius Brutus no lov yoo; yoo doun wrong Kieus
Ligarius. It av juss uon mieyn ina all dem-ya man, an
it aa benn gaints Ceazaa. If yoo no dae immottal,
look roung yoo. Secuority aa ghih-way to conspirasy.
De mighty god-dem defenn yoo!
      Yoo comrad, Aatemidorus."

Ya Me aa gho stannup till Ceazaa aa pass along,
An as a man dhat aa aks faeva Me aa gho ghih im dis.
Me' ahht aa lament dhat votue keya liv
Out au de teet au raejen envy.
If yoo read dis, O Ceazaa, yoo might liv;
If yoo dho, de Faet-dem wid traita aa mek scheem.
  [Exit.]

SCEEN IV.
Anodha paat au de saim street, in front de ouss au Brutus.

Henta Pohtia an Lucius.

POHTIA. Me beg yoo, bwoy, run aa de Senaet Ouss;
    Dho stay fe ansa me, bot ghet yooself gon.
    Wie yoo aa stay?
LUCIUS. Fe know me' erran, madam.
POHTIA. Me waan yoo dae, an back ya,
    Befo Me kood tell yoo waw yoo fe doo dae.
    O steadyness, dae strong pon me' sied!
    poot a huej mountain between me' ahht an tung!
    Me av a man' mieyn, bot a ooman' might.
    Ow aad it dae fi ooman fe keep secret!
    Yoo dae ya still?
LUCIUS. Madam, waw Me fe doo?
    Run aa de Kiapitol, an nottn els?
    An so coum back aa yoo, an nottn els?

POHTIA. Yeh, bring me wudd, bwoy, if yoo' boss look well,
    Faw im di go owt sick; an taik good noet
    Waw Ceazaa doo, waw man aks faeva from im.
    Lissn, bwoy, waw noiz aa dhat?
LUCIUS. Me eay non, madam.
POHTIA. Beg yoo, lissn good.
    Me eay a buslen nois jus liek a mob,
    An de wiin aa bring it from de Kiapitol.
LUCIUS. Chuet, madam, Me no eay nottn.

{Henta de Fottuen-tella.}

POHTIA. Coum on ya, fella;
    Wich way yoo di dae?
FOTTUEN-TELLA. Aa me' own-aa ouss, good lady.
POHTIA. Wawt o'clock aa it?
FOTTUEN-TELLA. Bowt de nient houa, lady.
POHTIA. Ceazaa gon aa de Kiapitol yet?
FOTTUEN-TELLA. Madam, naw yet. Me go fe taik me' stan
    Fe see im pass on aa de Kiapitol.
POHTIA. Yoo av som faeva yoo waan aks Ceazaa, yoo no av?
FOTTUEN-TELLA. Dhat Me av, lady. If it aa gho pleez Ceazaa
    Fe dae so good to Ceazaa as fe eay me,
    Me aa gho really beg im fe dae im' own-aa fren.
POHTIA. Wie, yoo know heny haam aa intenn towaud im?
FOTTUEN-TELLA. Non dhat Me know aa gho dae, a lot
    dhat Me fraid might go doung.
    Good monnen to yoo. Ya de street dae narrow,

De crowd dhat aa folla Ceazaa at de heel,
Wid senita, wid iegh-judj, comman man wid faeva
  dem waan aks,
Aa gho crowd a feebl man almoes to dedt.
Me'o ghet meself to a plais mo wied an dae
Speak to graet Ceazaa as im aa coum along. [Exit.]
POHTIA. Me av fe go in. Ah me, ow weak a ting
De ahht au ooman dae! O Brutus,
De aevn-dem elp yoo ina yoo' hentapriez!
Shuo, de bwoy d'eay me. Brutus av a faeva im waan
  aks
Dhat Ceazaa naa gho grant. O, Me aa grow faint.
Run, Lucius, an tell ow Me aa doo to me' boss;
Say Me dae iery. Coum aa me again,
An bring me wudd waw im say to yoo.
        [Exit all au dem.]

AC III,. SCEEN I.
Roem. In front de Kiapitol; de Senaet aa siddoung ontop.

A crowd au peopl, mong dem Aatimidorus an de Fottuen-tella.
Chumpet music. Henta Ceazaa, Brutus, Cassius, Kiasca, Decius, Metellus, Trebonius, Cinna, Hantony, Lepidus, Popilius, Publius, an hodhas.

CEAZAA. De ieds au Maach now coum.
FOTTUEN-TELLA. Yeh, Ceazaa, bot naw gon.
AATIMIDORUS. Hail, Ceazaa! read dis letta.
DECIUS. Trebonius aa beg yoo real bad fe read ova,
    At yoo' bess leisia, dis im' umbl faeva im waan aks.
AATIMIDORUS. O Ceazaa, read me' own fhus, fi me' own dae a faeva
    Dhat aa touch Ceazaa neahra. Read it, graet Ceazaa.
CEAZAA. Wawt aa touch we weself aa gho gheh sov lahs.
AATIMIDORUS. Dho delay, Ceazaa; read it dis instant.
CEAZAA. Waw, de fella im mad?
PUBLIUS. Yootman, ghih room.
CASSIUS. Waw, oonu aa press oonu' petitian-dem ina de street?
    Coum aa de Kiapitol.

{Ceazaa aa go up aa de Senaet Ouss, de ress folla.}

POPILIUS. Me wish yoo' hentapriez today kood triev.
CASSIUS. Waw hentapriez, Popilius?
POPILIUS. Fae yoo well.
    [Aa advans to Ceazaa.]
BRUTUS. Waw Popilius Lena d'say?
CASSIUS. Im wish today we' hentapriez might triev.
    Me fraid we' puppous gheh discova.
BRUTUS. Look, ow im aa mek fe Ceazaa. Maak im.
CASSIUS. Kiasca,
    Gheh ready, faw we fraid preventian.
    Brutus, wawt aa gho gheh doo? If dis gheh know,
    Cassius aw Ceazaa naeva aa gho toun back,
    Faw Me aa gho kill meself.
BRUTUS. Cassius, dae steady.
    Popilius Lena aa no speak au we' puppous;
    Fi, look, im aa smiel, an Ceazaa no chaenj.
CASSIUS. Trebonius know im' tiem, fi, look yooself,
    Brutus,
    Im aa draw Maak Hantony out au de way.
    [Exit Hantony an Trebonius.]
DECIUS. Wae Metellus Cimba dae? Mek im
    Soon coum bring up fe im' faeva im waan aks Ceazaa.
BRUTUS. Im gheh address; press neah an seccan im.
CINNA. Kiasca, yoo aa de fhus dhat aa raiz yoo' aan.
CEAZAA. We all dae ready? Waw now dae wrong
    Dhat Ceazaa an im' Senaet av fe mek right?
METELLUS. So iegh, so mighty, an so aebl Ceazaa,
    Metellus Cimba choh doung in front yoo' seat
    A umbl ahht. [Aa kneel.]

CEAZAA. Me av fe stop yoo, Cimba.
    Dem-ya crouchen an low doung niesness
    Might fiea de blood au hoddinary man
    An toun preoddain ting an iegh coman
    Into de law au picny. Dho dae quick
    Fe tinck dhat Ceazaa aa beah such rebel blood
    Dhat aa gho gheh taw from ih' chue quality
    Wid dhat wawt aa melt fool -- Me mean sweet wudd,
    Low-crooked niesness, an bais puppy-fawnen.
    Yoo' bredha by coman gheh banish.
    If yoo aa benn an aa beg an aa fawn fi im,
    Me aa toun yoo liek a dog out au me' way.
    Know, Ceazaa dho doo no wrong, nau widout nuff coz
    Im aa gho gheh satisfie.
METELLUS. It no av no vois mo wottwhiel dan me' own,
    Fe soung mo sweet ina graet Ceazaa' aez
    Fi de repealen au me' banish bredha?
BRUTUS. Me kiss yoo' aan, bot naw in flattary, Ceazaa,
    Aa beg Me aa beg yoo bad dhat Publius Cimba kood
    Av a repeal faw immediaet freedom.
CEAZAA. Waw, Brutus?
CASSIUS. Paadn, Ceazaa! Ceazaa, paadn!
    As low as to yoo' foot Cassius aa fall
    Fe beg emancipatian fi Publius Cimba.
CEAZAA. Me kood well gheh moov, if Me di dae as yoo;
    If Me kood pray fe moov, prayes gho den moov me;
    Bot Me dae steady as de noddan staa,
    Bowt oo' chue-fix an stan-foum quality
    It no av no equal ina de opn-skie.
    De skie gheh paint wid oewl eeyp au spaak;
    Dem all dae fiea an hevry uon aa shien;

Bot it av juss uon ina all dhat aa ohhl im plais.
So ina de wull, it gheh funnish well wid man,
An man dae flesh an blood, an full au knowlej;
Yet ina de numba Me know juss uon
Dha, stronga dan strong aa ohhl pon im' rank,
Unshaik by motian; an dhat Me dae im,
Mek me a licl show it, eevn ina dis;
Dhat Me di dae steady Cimba fe gheh banish,
An steady Me dae now fe keep im so.

CINNA. O Ceazaa--
CEAZAA. Galang! Yoo aa gho liff up Olympus?
DECIUS. Graet Ceazaa--
CEAZAA. Brutus dho kneel uesless?
KIASCA. Speak, oonu aan, fi me!
   [Kiasca fhus, den de hodha Conspirata-dem an Maacus
      Brutus stab Ceazaa.]
CEAZAA. Et tu, Bruet?-- Den fall, Ceazaa! [Aa ded.]
CINNA. Libaty! Freedom! Tyranny ded!
   Run galang, shout out, bawl it choo de street-dem.
CASSIUS. Som to de comman pulpit-dem an bawl out
   "Libaty, freedom, emancipatian!"
BRUTUS. Peopl an senita oonu, dho gheh frightn,
   Dho run-way, stan still; ambitian' dett gheh pay.
KIASCA. Go aa de pulpit, Brutus.
DECIUS. An Cassius too.
BRUTUS. Wae Publius?
CINNA. Ya, confoung all de way wid dis mutiny.
METELLUS. Stan cloes toghiada, lehs som fren au Ceazaa'
   Fe trie --
BRUTUS. Dho tauk bowt backen a stan. Publius, good
   cheay,

It no av no haam intenn to yoo' posn,
Nau to no Roeman els. So tell dem, Publius.
CASSIUS. An leey we, Publius, lehs dhat de peopl
Aa rush dem aa rush pon we fe doo yoo' aej som
mischeef.
BRUTUS. Dweet, an mek no man pay fi dis ting
Bot we de dooa-dem.

{Re-enta Trebonius.}

CASSIUS. Wae Hantony dae?
TREBONIUS. Run-way aa im' ouss amaez.
Man, wief, an picny aa staer, aa bawl out, an aa run
As if ih di dae doomsday.
BRUTUS. Faet, we aa gho know oonu plessia.
Dhat we aa gho ded, we know; aa juss de tiem
An days, aa draw dem aa draw out, dhat man stan pon.
CASSIUS. Wie, im dhat aa cut off twenty yeays au lief
Aa cut off so much yeays im aa feah dedt.
BRUTUS. Grant dhat, an den dedt dae a benefit;
So we dae Ceazaa' fren dha doun shautn
Im' tiem fi im aa feah dedt. Stoop, Roeman oonu,
stoop,
An mek we baidh we' aan-dem ina Ceazaa' blood
Up to de elbow-dem, an smeah-doung we' soad;
Den wauk weself owt, eevn to de maaketplais,
An aa waiv we aa waiv we' red weapon-dem ova we'
edd,
Mek all au we bawl, "Peeys, freedom, an libaty!"
CASSIUS. Stoop den, an wash. Ow much aej from ya
Dis we' lofty sceen aa gho gheh ac ova

    In stait no bhon yet an accent no know yet!
BRUTUS. Ow much tiem Ceazaa aa gho bleed in joek,
    Dhat now pon Pompey' platfom aa laydoung straight
    No betta dan de duss!
CASSIUS. So offn as dhat aa gho dae,
    So offn de ghiang au we aa gho gheh call
    De man-dem dha ghih dem' country libaty.
DECIUS. Waw, we aa gho fawaud?
CASSIUS. Yeh, hevry man galang.
    Brutus aa gho lead, an we aa gho bright-up im' heel
    Wid de moes bohl an bess ahht-dem au Roem.

{Henta a Sovant.}

BRUTUS. Soff, oo aa coum ya? A fren au Hantony.
SOVANT. Jusso, Brutus, me' masta di tell me kneel,
    Jusso Maak Hantony di tell me fall doung,
    An, aa prostraet Me prostraet, jusso im tell me say:
    Brutus im upful, wiez, nuff braiv, an honnis;
    Ceazaa di dae mighty, bohl, royal, an loven.
    Say Me lov Brutus an Me honna im;
    Say Me d'fraid Ceazaa, d'honna im, an d'lov im.
    If Brutus aa gho allow dhat Hantony
    Kood coum saif aa im an gheh resolv
    Ow Ceazaa doun desov fe laydoung ina dedt,
    Maak Hantony naa gho lov Ceazaa ded
    So well as Brutus aa liv im aa liv, bot aa gho folla
    De fottuen-dem an affaihs au upful Brutus
    Choo de dainja au dis new frontiay
    Wid all chue fait. So aa say me' masta Hantony.
BRUTUS. Yoo' masta im a wiez an nuff braiv Roeman;

Me naeva tinck im mo-woss.
Tell im, so pleez im coum aa dis plais,
Im aa gho gheh satisfie an, by me' honna,
Leev ya again untouch.
SOVANT. Me'o fetch im soon coum. [Exit.]
BRUTUS. Me know dhat we aa gho av im well fi fren.
CASSIUS. Me wish we kood, bot yet Me av a mieyn
    Dhat fraid im a lot, an me' nisghiven still
    Dae wid cautian fi we' puppous.

{Re-enta Hantony.}

BRUTUS. Bot ya aa coum Hantony. Welcoum, Maak
    Hantony.
HANTONY. O mighty Ceazaa! Aa yoo laydoung so low?
    All yoo' conquess, glory, triumph, spoil, dem
    Shrink to dis licl maesia? Fae yoo well.
    Me no know, genclman, waw oonu intenn,
    Oo els av fe av blood draw, oo els dae sick.
    If Me meself, it no av no houa so fit
    As Ceazaa' dedt' houa, nau no hinstrument
    Au ahhf dhat wott as dem-dae oonu' soad, mek rich
    Wid de moes upful blood au all dis wull.
    Me really aa beg oonu, if oonu beah me aad,
    Now, whiel oonu' puppl aan-dem aa reek an aa smoek,
    Fulfil oonu' plessia. Liv a towsn yeays,
    Me naa gho fieyn meself so ready fe ded;
    No plais aa gho pleez me so, no means au dedt,
    As right ya by Ceazaa, an by oonu cut doung,
    De chooz out masta spirit-dem au dis aej.
BRUTUS. O Hantony, dho beg yoo' dedt from we!

AC III, SCEEN I — Julias Ceazaa

>Dhough now we av fe appeah bloody an cruel,
>As, by we' aan an dis we' presant ac
>Yoo see we doo, yet yoo see juss we' aan
>An dis de bleeden business dem doun doo.
>We' ahht yoo no see; it dae pitiful;
>An pity fi de genaral wrong au Roem--
>As fiea aa driev out fiea, so pity pity--
>Doun doo dis ting pon Ceazaa. Fi yoo' paat,
>To yoo we' soad-dem av leadn point, Maak Hantony;
>We' aan-dem in strenk au malis, bot we' ahht-dem
>Wid bredha' feelen aa welcoum yoo in
>Wid all kieyn lov, good tawt, an revrens.

CASSIUS. Yoo' vois aa gho dae as strong as heny man' own
>Ina de shaeren out au new dignity.

BRUTUS. Juss dae patiant till we doun calm doung
>De peopl-dem, besied demself wid feah,
>An den we aa gho deliva yoo de coz
>Wie Me, oo di lov Ceazaa wen Me striek im,
>Doun kiarry on jusso.

HANTONY. Me dho doutt yoo' wisdom.
>Mek hevry man ghih me im' bloody aan.
>Fhus, Maacus Brutus, Me aa gho shaik wid yoo;
>Nex, Kieus Cassius, Me aa taik yoo' aan;
>Now, Decius Brutus, yoo' own; now yoo' own,
>>Metellus;
>Yoo' own, Cinna; an, me' nuff braiv Kiasca, yoo' own;
>Dhough lahs, naw leas in lov, yoo' own, good
>>Trebonius.
>Genclman all-- oyoy, waw Me aa gho say?
>Me' credit now aa stan pon such slippry groung,
>Dhat uon au two bad way oonu av fe tinck bowt me,

Iedha a cowaud aw a flattara.
Dhat Me di lov yoo, Ceazaa, O, aa chue!
If den yoo' spirit aa look pon we now,
It naa gho greev yoo deepa dan yoo' dedt
Fe see yoo' Hantony, aa mek im aa mek im' peeys,
Aa shaik de bloody finga au yoo' foe-dem,
Moes upful! Ina de presans au yoo' copps?
If Me di av as much yiey as yoo av woong,
Aa weep dem aa weep as fass as dem stream owt yoo' blood,
Ih whooda fit me betta dan fe join
In toums au frenship wid yoo' henemy-dem.
Paadn me, Julias! Ya yoo di gheh bay, braiv deay,
Ya yoo di fall, an ya yoo' hunta-dem stannup,
Paint ina yoo' blood, an blood red ina yoo' dedt.
O wull, yoo di dae de foress fe dis deay,
An dis, fi real, O wull, aa de dearess ina yoo.
Ow liek a deay striek by a lot au prins
Yoo aa laydoung ya!
CASSIUS. Maak Hantony--
HANTONY. Paadn me, Kieus Cassius.
De henemy-dem au Ceazaa aa gho say dis:
Dhat, in a fren, it aa cool modaratian.
CASSIUS. Me no blaim yoo fi dhat yoo aa praiz Ceazaa so;
Bot waw compack yoo mean fe av wid we?
Yoo aa gho gheh maak in numba wid we' fren-dem,
Aw we aa gwon, an naw depenn pon yoo?
HANTONY. Fi dis, Me d'taik oonu aan, bot fi real di gheh
Sway from de point, aa look Me aa look doung pon Ceazaa.
Fren Me dae wid all au yoo an lov all au yoo,

Pon dis oep dhat oonu aa gho ghih me reason
Wie an in waw Ceazaa di dae dainjarous.
BRUTUS. Aw els dis di dae a savaej spectacl.
　　We' reason-dem dae so full au good reghiad
　　Dhat if yoo di dae, Hantony, de son au Ceazaa,
　　Yoo fe gheh satisfie.
HANTONY. Dhat aa all Me look faw;
　　An ontop dhat, dae oepful dhat Me kood
　　Kiarry im' body aa de maaketplais,
　　An, ina de pulpit, as dae right fi a fren,
　　Speak ina de pofommans au im' funaral.
BRUTUS. Yoo aa gho dweet, Maak Hantony.
CASSIUS. Brutus, a wudd wid yoo.
　　[Asied to Brutus.] Yoo no know waw yoo aa doo. Dho
　　 agree
　　Dhat Hantony speak ina im' funaral.
　　Yoo know ow much de peopl kood gheh moov
　　By dhat waw im aa gho utta?
BRUTUS. By yoo' paadn,
　　Me meself aa go ina de pulpit fhus,
　　An show de reason fi we' Ceazaa' dedt.
　　Waw Hantony aa gho speak, Me aa gho protess
　　Im aa speak by leev an by pomissian,
　　An dhat we dae content Ceazaa aa gho
　　Av all chue riet an lawful ceremony.
　　It aa gho advantaej mo dan doo we wrong.
CASSIUS. Me no know waw kood go doung; Me no liek ih.
BRUTUS. Maak Hantony, ya, taik Ceazaa' body.
　　Yoo naa gho blaim we ina yoo' funaral speech,
　　Bot speak all good yoo kood tinck bowt bowt Ceazaa,
　　An say yoo aa dweet by we' pomissian,

Els yoo naa gho av no aan at all
Ina im' funaral. An yoo aa gho speak
Ina de saim pulpit to wae Me aa go,
Afta me' speech gheh enn.
HANTONY. Mek ih dae so,
Me dho waan no mo.
BRUTUS. Prepae de body den, an folla we.
[Exit all bot Hantony.]
HANTONY. O, paadn me, yoo bleeden peess au utt,
Dhat Me dae meek an gencl wid dem-ya butcha!
Yoo aa de ruin au de moes upful man
Dhat haeva d'liv ina de tied au tiem.
Woe to de aan dha shed dis iegh-coss blood!
Ova yoo' woong-dem now Me aa prophesie
(Waw liek doum moutt aa opn dem' ruby lip
Fe beg de vois an uttarans au me' tung)
A cuss aa gho fall pon de lihm-dem au man;
Domestic fury an feays civil strief
Aa gho clog up all de paat-dem au Hitaly;
Blood an destructian aa gho dae so ina ues,
An dreadful objeck so familia,
Dhat mooma-dem aa gho juss smiel wen dem sight up
Dem' infant-dem chop up wid de aan-dem au wau;
All pity choek wid de habit au badness,
An Ceazaa' spirit, aa raenj it aa raenj fi revenj,
Wid Aet by im' sied coum ott from ell,
Ina dem-ya confien wid a monaach' vois aa gho
Bawl "Havoc!" an mek slip de dog-dem au wau,
Dhat dis foul ting aa gho smell up ova de utt
Wid kiarrion man, aa groan dem aa groan fi buryal.

{Henta a Sovant.}

Yoo aa sov Hoctavius Ceazaa, aa no chue?
SOVANT. Me aa doo dhat, Maak Hantony.
HANTONY. Ceazaa di wriet fi im fe coum aa Roem.
SOVANT. Im di receev im' letta-dem, an aa coum,
    An tell me say to yoo by wudd au moutt--
    O Ceazaa! [Aa see de body.]
HANTONY. Yoo' ahht dae big; ghet yooself by yooself an weep.
    Feelen, Me see, aa kech it aa kech, fi me' yiey-dem,
    Aa see dem aa see dem-ya bead au sorrow stannup ina yoo' own,
    staat-out fe watta. Yoo masta aa coum?
SOVANT. Im dae tonight widin sevn leag au Roem.
HANTONY. Duss back wid speed an tell im waw doun go doung.
    A moenen Roem dae ya, a dainjarous Roem,
    No Roem au saifty fi Hoctavius yet;
    Urry galang, an tell im so. Bot stay a whiel,
    Yoo naa'o go back till Me doun beah dis copps
    Straight ina de maaketplais. Dae Me aa gho trie,
    Ina me' oratian, ow de peopl taik
    De cruel issue au dem-ya bloody man,
    Accodden to waw, yoo aa gho discoess
    To young Hoctavius bowt de stait au ting.
    Lenn me yoo' aan. [Exit all: wid Ceazaa' body.]

SCEEN II.
De Forum.

Henta Brutus an Cassius, an a crowd au Citizn.

CITIZN-DEM. We aa gho gheh satisfie! Mek we gheh satisfie!
BRUTUS. Den folla me an ghih me audians, fren oonu.
    Cassius, go ina de hodha street
    An paat de numba.
    Dem-dae dhat aa gho eay me speak, mek dem stay ya;
    Dem-dae dhat aa gho folla Cassius, go wid im;
    An public reason aa gho gheh mek
    Bowt Ceazaa' dedt.
FHUS CITIZN. Me aa gho eay Brutus speak.
SECCAN CITIZN. Me aa gho eay Cassius an compae dem' reason,
    Wen we eay all au dem mek.
        [Exit Cassius, wid som Citizn.
        Brutus aa go ina de pulpit.]
TOD CITIZN. De upful Brutus now gon up. Sielans!
BRUTUS. Dae patiant till de lahs.
    Roeman oonu, countryman, an comrad! Eay me fi me' coz, an dae sielant, dhat oonu kood eay. Beleev me fi me' honna, an av respeck to me' honna, dhat oonu kood beleev. Censsia me ina oonu' wisdom, an waikup oonu' sens-dem, dhat oonu kood de betta judj.

> If it av heny ina dis assembly, heny deep fren au Ceazaa', to im Me say dhat Brutus' lov fi Ceazaa diin dae no less dan im' own. If den dhat fren deman wie Brutus riez up againts Ceazaa, dis aa me' ansa: Naw dhat Me d'lov Ceazaa less, bot dhat Me lov Roem mo. Oonu di radha Ceazaa didaa liv an ded all slaiv, dan dhat Ceazaa di ded fe liv all freeman? As Ceazaa d'lov me, Me weep fi im; as im di dae fottuenaet, Me rejois at it; as im di dae nuff braiv, Me honna im; bot as im di dae ambitious, Me kill im. It av teahs fi im' lov, joy fi im' fottuen, honna fi im' braivry, an dedt fi im' ambitian. Oo dae ya so bais dhat gho dae a slaivbwoy? If heny, speak, fi im Me doun offenn. Oo dae ya so crued dha no waan dae a Roeman? If heny, speak, fi im Me doun offenn. Oo dae ya so viel dhat naa gho lov im' country? If heny, speak, fi im Me doun offenn. Me poz fi a replie.

ALL. Non, Brutus, non.
BRUTUS. Den non Me doun offenn. Me no doo no mo to Ceazaa dan oonu aa gho doo to Brutus. De questian au im' dedt gheh enroll ina de Kiapitol, im' glory no taik-way from, in waw im di dae wottwhiel, nau im' wrong ting-dem mek mo, fi waw im suffa dedt.

{Henta Hantony an hodhas, wid Ceazaa' body.}

> Ya im' body aa coum, moen by Maak Hantony, oo, dhough im diin av no aan ina im' dedt, aa gho receev de benefit from im' dieen, a plais ina de new free stait, as wich uon au oonu naa gho av? Wid dis Me aa leev ya -- dhat, as Me d'kill me' bess comrad fi de

good au Roem, Me av de saim dagga fi meself, wen it aa gho pleez me' country fi need me' dedt.

ALL. Liv, Brutus, liv, liv!

FHUS CITIZN. Bring im wid triumph oem aa im' ouss.

SECCAN CITIZN. Ghih im a statchu wid im' ancesta-dem.

TOD CITIZN. Mek im dae Ceazaa.

FOHT CITIZN. Ceazaa' betta paat-dem
Aa gho gheh croung ina Brutus.

FHUS CITIZN. We'o bring im aa im' ouss wid shout an nuff noiz.

BRUTUS. Me' countryman oonu--

SECCAN CITIZN. Peeys! Sielans! Brutus aa speak.

FHUS CITIZN. Peeys, wo!

BRUTUS. Good countryman oonu, mek me leev ya aloen,
An, fi me' saik, stay ya wid Hantony.
Bring brightness to Ceazaa' copps, an bright-up im' speech,
Aa tenn it aa tenn to Ceazaa' glory, waw Maak Hantony,
By we' pomissian, gheh allow fe mek.
Me aa beg oonu, naw uon man go-way,
Saiv Me aloen, till Hantony doun speak. [Exit.]

FHUS CITIZN. Stay, wo, an mek we eay Maak Hantony.

TOD CITIZN. Mek im go up ina de public chaih;
We'o eay im. Upful Hantony, go up.

HANTONY. Fi Brutus' saik, Me dae beohhlen to oonu.
[Aa go ina de pulpit.]

FOHT CITIZN. Waw im aa say bowt Brutus?

TOD CITIZN. Im aa say, fi Brutus' saik,
Im aa fieyn imself beohhlen to we all.

FOHT CITIZN. Ih di bess im speak ya no haam bowt Brutus.

FHUS CITIZN. Dis Ceazaa di dae a tyrant.

TOD CITIZN. Naa, dhat aa sotain.
    We dae bless dhat Roem rid au im.
SECCAN CITIZN. Peeys! Mek we eay waw Hantony kood say.
HANTONY. Oonu gencl Roeman--
ALL. Peeys, wo! Mek we eay im.
HANTONY. Fren, Roeman, countryman, lenn me oonu aez!
    Me coum fe bury Ceazaa, naw fe praiz im.
    De heevl dhat man doo aa liv afta dem,
    De good offn gheh bury wid dem' boen;
    So mek ih dae wid Ceazaa. De upful Brutus
    Doun tell oonu Ceazaa di dae ambitious;
    If it di dae so, it di dae a greevious fault,
    An greevious Ceazaa doun ansa fi it.
    Ya, unda leev au Brutus an de ress--
    Fi Brutus im a honnarabl man;
    So dem all dae, all honnarabl man--
    Me coum fe speak ina Ceazaa' funaral.
    Im di dae me' fren, faitful an juss to me;
    Bot Brutus aa say im di dae ambitious,
    An Brutus im a honnarabl man.
    Im doun bring a eeyp au kiaptiv oem aa Roem,
    Oo' ransom di full up de genaral coffa-dem.
    Dis ina Ceazaa di seem ambitious?
    Wen dhat de poh di bawl, Ceazaa di weep;
    Ambitian fe gheh mek from aada stuff:
    Yet Brutus aa say im di dae ambitious,
    An Brutus im a honnarabl man.
    All au yoo di see dhat pon de Lupaccal
    Me chree tiem presant im wid a king' croung,
    Waw im di chree tiem refuez. Dis di dae ambitian?

Yet Brutus aa say im di dae ambitious,
An shuo im a honnarabl man.
Me no speak fe disproov waw Brutus speak,
Bot ya Me dae fe speak waw Me know.
All yoo di lov im uons, naw widout coz;
Waw coz aa keep oonu back den fe moen fi im?
O judjment, yoo doun flie to bruetish beess,
An man doun looz dem' reason. Beah wid me;
Me' ahht dae ina de coffin dae wid Ceazaa,
An Me av fe poz till it coum back to me.

FHUS CITIZN. Me aa tinck it av a lot au reason ina waw im aa say.

SECCAN CITIZN. If yoo consida de matta right, Ceazaa gheh doo graet wrong.

TOD CITIZN. Im gheh doo, oonu masta?
  Me fraid it aa gho av coum a mo-woss ina im' plais.

FOHT CITIZN. Oonu maak im' wudd-dem? Im diin waan taik de croung;
  Fi dis, aa sotain im diin dae ambitious.

FHUS CITIZN. If it gheh fieyn so, som aa gho pay dear fi it.

SECCAN CITIZN. Poh soul, im' yiey-dem dae red as fiea, aa weep im aa weep wid dem.

TOD CITIZN. Ih no av a mo upful man ina Roem dan Hantony.

FOHT CITIZN. Now maak im, im aa staat-out again fe speak.

HANTONY. Juss yestaday de wudd au Ceazaa kooda
  Stannup gaints de wull. Now im aa laydoung dae,
  An non dae so poh fe doo im revrens.
  O masta oonu! If Me di dae inclien fe stur up
  Oonu' ahht an mieyn to mutiny an raej,

> Me fe doo Brutus wrong an Cassius wrong,
> Oo, all oonu know, dae honnarabl man.
> Me naa gho doo dem wrong; Me radha chooz
> Fe wrong de ded, fe wrong meself an oonu,
> Dan Me aa gho wrong such honnarabl man.
> Bot ya a paachment dae wid de seal au Ceazaa;
> Me fieyn it ina im' wuckroom, aa im' will.
> Mek de peopl-dem juss eay dis testament--
> Waw, paadn me, Me no mean fe read--
> An dem aa gho den go an kiss ded Ceazaa' woong-dem
> An dip dem' napkin ina im' sacred blood,
> Yeh, beg a haih from im fi memry,
> An, aa ded dem aa ded, mentian it ina dem' will,
> Aa bequeat dem aa bequeat it as a rich legasy
> To dem' picny-picny.

FOHT CITIZN. We'o eay de will. Read it, Maak Hantony.
ALL. De will, de will! We aa gho eay Ceazaa' will.
HANTONY. Av patians, gencl fren-oonu, Me no fe read it;
> It no dae right oonu know ow Ceazaa d'lov oonu.
> Oonu no dae wood, oonu no dae stoen, bot man;
> An, aa man oonu man, aa eay oonu aa eay de will au Ceazaa,
> It aa gho inflaim oonu, it aa gho mek oonu mad.
> Aa good oonu no know dhat oonu dae ina im' will,
> Faw if oonu fe know, O, wawt aa gho coum au it!

FOHT CITIZN. Read de will; we'o eay it, Hantony.
> Yoo aa gho read we de will, Ceazaa' will.

HANTONY. Oonu aa gho dae patiant? Oonu aa gho stay a whiel?
> Me doun gon too faa fe tell oonu bowt ih.
> Me fraid dha Me wrong de honnarabl man-dem

Oo' dagga doun stab Ceazaa; Me fraid au it.
FOHT CITIZN. Dem di dae traita. Honnarabl man-dem!
ALL. De will! De testament!
SECCAN CITIZN. Dem di dae jinal, moudara. De will!
read de will!
HANTONY. Oonu aa gho compel me den fe read de will?
Den mek a ring roung de copps au Ceazaa,
An mek me show oonu im dha d'mek de will.
Me aa gho coum doung? An oonu aa gho ghih me leev?
ALL. Coum doung.
SECCAN CITIZN. Coum doung.
[Im aa coum doung from de pulpit.]
TOD CITIZN. Yoo aa gho av leev.
FOHT CITIZN. A ring, stan roung.
FHUS CITIZN. Stan from de huhss, stan from de body.
SECCAN CITIZN. Room fi Hantony, moes upful Hantony.
HANTONY. Naa, dho press so pon me, stan faa back.
ALL. Stan back; room, beah back!
HANTONY. If oonu av teahs, prepae fe shed dem now.
All au yoo know dis mantl. Me rememba
De fhus tiem haeva Ceazaa poot it on;
It di dae pon a summa' eevnen, ina im' tent,
Dhat day im ovacoum de Noviie.
Look, ina dis plais Cassius' dagga run choo;
See wawt a ghiash de envious Kiasca mek;
Choo dis de well-lov Brutus stab;
An as im pluck-way im' cuss steel,
Maak ow de blood au Ceazaa d'folla it,
As aa rush it aa rush out au doh, fe dae nuff shuo
If Brutus d'knock so unkieyn, aw not;

Fi Brutus, as oonu know, di dae Ceazaa' aenjal.
Judj, O oonu god, ow Ceazaa d'lov im deep!
Dis di dae de moes unkieyndess cut au all;
Fi wen de upful Ceazaa see im stab,
Ingratitued, mo strong dan traita' aan,
All de way vanquish im. Den im' mighty ahht bhus,
An, ina im' mantl, aa muffl it aa muffl up im' fais,
Eevn at de bais au Pompey' statchu,
Waw all de whiel run blood, graet Ceazaa fall.
O, wawt a fall di dae dae, me' countryman!
Den Me, an oonu, an all au we d'fall doung,
Whiel bloody treason d'flourish ova we.
O, now oonu aa weep, an Me see now oonu aa feel
De dint au pity. Dem-ya aa graisious drop.
Kieyn soul, waw oonu aa weep wen oonu juss sight up
We' Ceazaa' vestia full au woong? Oonu look ya,
Right ya imself dae, spoil, as oonu see, by traita.

FHUS CITIZN. O pitiful spectacl!
SECCAN CITIZN. O upful Ceazaa!
TOD CITIZN. O woeful day!
FOHT CITIZN. O traita, jinal oonu!
FHUS CITIZN. O moes bloody sight!
SECCAN CITIZN. We aa gho gheh revenj.
ALL. Revenj! Go roung! Sutch! Boun! Fiea! Kill!
　　Kill again! Dho mek a traita liv!
HANTONY. Stay, countryman oonu.
FHUS CITIZN. Peeys dae! Eay de upful Hantony.
SECCAN CITIZN. We'o eay im, we'o folla im, we'o ded wid
　　im.
HANTONY. Good fren, sweet fren, dho mek me stur oonu
　　up

> To such a suddn flood au mutiny.
> Dem dha doun doo dis ting, dem dae honnarabl.
> Waw prievaet greef dem av, oyoy, Me no know,
> Dha mek dem dweet. Dem dae wiez an honnarabl,
> An, no doutt, wid reason aa gho ansa yoo.
> Me dho coum, fren, fe steal-way oonu ahht.
> Me no dae no big tauka, as Brutus dae;
> Bot, as all oonu know me, a plain blunt man,
> Dha lov me' fren, an dhat dem know full well
> Dha ghih me public leev fe speak bowt im.
> Faw Me no av nieda wit, nau wudd, nau wott,
> Actian, nau uttarans, nau de powa au speech,
> Fe stur man' blood. Me juss speak right on;
> Me tell oonu dhat waw oonuself know;
> Show oonu sweet Ceazaa' woong-dem, poh doum moutt,
> An tell dem speak fi me. Bot if Me di dae Brutus,
> An Brutus Hantony, dae a Hantony di dae
> Whooda ruffl up oonu' spirit an poot a tung
> In hevry woong au Ceazaa dhat fe moov
> De stoen-dem ina Roem fe riez up an mutiny.

ALL. We'o mutiny.
FHUS CITIZN. We'o boun de ouss au Brutus.
TOD CITIZN. Go-way, den! Coum, fieyn de conspirata-dem.
HANTONY. Yet eay me, countryman; yet eay me speak.
ALL. Peeys, wo! Eay Hantony, moes upful Hantony!
HANTONY. Wie, fren, oonu go fe doo waw oonu no know.
> In waw Ceazaa so doun desov oonu' lov?
> Oyoy, oonu no know; Me av fe tell oonu den.
> Oonu doun fighet de will Me d'tell oonu bowt.

ALL. So chue, de will! Mek we stay an eay de will.
HANTONY. Ya de will dae, an unda Ceazaa' seal.
  To hevry Roeman citizn im aa ghih,
  To hevry singl man, sevnty-fiev drachma.
SECCAN CITIZN. Moes upful Ceazaa! We'o revenj im' dedt.
TOD CITIZN. O royal Ceazaa!
HANTONY. Eay me wid patians.
ALL. Peeys, wo!
HANTONY. Ontop dhat, im doun leey yoo all im waukway,
  Im prievaet ghiaadn-dem, an young fruit-tree,
  Pon dis sied Tieba; im doun leey dem aa yoo,
  An fi yoo' picny-picny fi haeva--comman plessia,
  Fe wauk roung an recreayt oonuself.
  Ya a Ceazaa di dae! Wen such anodha aa gho coum?
FHUS CITIZN. Naeva, naeva. Coum, go-way, go-way!
  We'o boun im' body ina de oly plais
  An wid de brann-dem fiea de traita-dem' ouss.
  Taik up de body.
SECCAN CITIZN. Go fetch fiea.
TOD CITIZN. Pluck doung bench.
FOHT CITIZN. Pluck doung fom, wiinda, henyting.
  [Exit all: Citizn-dem wid de body.]
HANTONY. Now mek ih wuck. Mischeef, yoo dae pon foot,
  Taik waw coess yoo want.

{Henta a Sovant.}

  Ow now, fella?
SOVANT. Sa, Hoctavius im aready coum aa Roem.
HANTONY. Wae im dae?

SOVANT. Im an Lepidus dae aa Ceazaa' ouss.
HANTONY. An by dae Me'o go straightway fe visit im.
    Im aa coum pon a wish. Fottuen iery,
    An ina dis mood aa gho ghih we henyting.
SOVANT. Me d'eay im say Brutus an Cassius
    Gheh chaes liek madman choo de gaet-dem au Roem.
HANTONY. Liek dem di av som noetis au de peopl,
    Ow Me di moov dem. Bring me to Hoctavius. [Exit all.]

SCEEN III.
A street.

Henta Cinna de poet.

CINNA. Me dream lahs night dhat Me di feess wid Ceazaa,
    An ongl bad luck now me' mieyn kood see.
    Me no av no will fe waunda owt au doh,
    Yet somting aa lead me owt.

{Henta Citizn-dem.}

FHUS CITIZN. Aa waw yoo' naim?
SECCAN CITIZN. Aa wae yoo aa go?
TOD CITIZN. Wae yoo aa dwell?
FOHT CITIZN. Yoo a marryd man aw a bachela?
SECCAN CITIZN. Ansa hevry man straight up.

AC III, SCEEN III Julias Ceazaa 73

FHUS CITIZN. Yeh, an breef.
FOHT CITIZN. Yeh, an wiez.
TOD CITIZN. Yeh, an in chuet, yoo di betta.
CINNA. Waw me' naim dae? Aa wae Me aa go? Wae Me aa dwell? Me a marryd man aw a bachela? Den, fe ansa hevry man straight up an breef, wiez an chue: wiez Me say, Me a bachela.
SECCAN CITIZN. Dhat dae as much as fe say dem aa fool dhat marry. Yoo'o beah me a bang fe dhat, Me fraid. Kiarry on straight.
CINNA. Straight up, Me aa gho aa Ceazaa' funaral.
FHUS CITIZN. As a fren aw a henemy?
CINNA. As a fren.
SECCAN CITIZN. Dhat matta gheh ansa straight.
FOHT CITIZN. Faw yoo' dwellen, breef.
CINNA. In breef, Me dwell by de Kiapitol.
TOD CITIZN. Yoo' naim, sa, in chuet.
CINNA. In chuet, me' naim dae Cinna.
FHUS CITIZN. Teah im to peess, im a conspirata.
CINNA. Me dae Cinna de poet, Me dae Cinna de poet.
FOHT CITIZN. Teah im fi im' bad vos-dem, teah im fi im' bad vos-dem.
CINNA. Me no dae Cinna de conspirata.
FOHT CITIZN. Aa no matta, im' naim' Cinna. Pluck out all au im' ahht bot im' naim, an mek im galang.
TOD CITIZN. Teah im, teah im! Coum, brann, wo, fieabrann. To Brutus', to Cassius'; boun all. Som to Decius' ouss, an som to Kiasca', som to Ligarius'. Goway, go! [Exit all.]

AC IV,. SCEEN I.
A ouss in Roem.

Hantony, Hoctavius, an Lepidus, siddoung roung a taibl.

HANTONY. Dem-ya lot den aa gho ded, dem' naim gheh
    maak.
HOCTAVIUS. Yoo' bredha too av fe ded; yoo agree,
    Lepidus?
LEPIDUS. Me agree--
HOCTAVIUS. Maak im doung, Hantony.
LEPIDUS. Pon conditian Publius naa gho liv,
    Oo aa yoo' sista' son, Maak Hantony.
HANTONY. Im naa gho liv; look, wid a spot Me daam im.
    Bot, Lepidus, go yooself aa Ceazaa' ouss,
    Fetch de will on ya, an we aa gho detomin
    Ow fe cut off som chaaj in legasy.
LEPIDUS. Waw, Me aa gho fieyn yoo ya?
HOCTAVIUS. Right ya, aw aa de Kiapitol. [Exit Lepidus.]
HANTONY. Dis a real licl good-fi-nottn man,
    Fit fe gheh senn pon erran. It aa fit,
    De chree-fohl wull divied, im fe stannup
    Uon au de chree fe shae it?
HOCTAVIUS. So yoo d'tinck im,
    An taik im' vois oo fe gheh maak fi ded

Ina we' bleak sentans an scroll au dedt.
HANTONY. Hoctavius, Me doun see mo days dan yoo,
    An dhough we lay up dem-ya honna pon dis man
    Fe eez weself au all-diffrent slandarous load,
    Im aa gho juss beah dem as de ass beah gohl,
    Fe groan an swet unda de business,
    Iedha gheh lead aw driev, as we point de way;
    An aa doun im doun bring we' tressia wae we want,
    Den we taik doung im' load an toun im off,
    Liek to de empty ass, fe shaik im' aez
    An graiz in pastia-dem.
HOCTAVIUS. Yoo kood doo waw yoo want,
    Bot im a tehs an nuff braiv solja.
HANTONY. So me' oss dae, Hoctavius, an fi dhat
    Me supplie im a stock au provisian.
    It dae a creatia dhat Me teach fe fight,
    Fe toun, fe stop, fe run on straight,
    Im' copporal motian govan by me' spirit.
    An, in som tais, Lepidus dae juss so:
    Im av fe gheh teach, an train, an tell go fawaud;
    A barren-spirit fella, uon dhat aa feed
    Pon objeck, aat, an imitatian,
    Waw, out au ues an stayl by hodha man,
    Staat-out im' fashian. Dho tauk bowt im
    Bot as a proppaty. An now, Hoctavius,
    Lissn big ting. Brutus an Cassius
    Aa ghiadda powa; we av fe straight mek edd;
    Fi dis, mek we' allieans gheh combien,
    We' bess fren-dem gheh mek, we' means stretch;
    An soon coum mek we go siddoung ina council,
    Ow secret matta kood bess gheh reveal,

An opn dainja deal wid fi shuo.
HOCTAVIUS. Mek we dweet, fi we dae at de staik,
    An gheh bay roung wid a lot au henemy;
    An som dhat aa smiel av ina dem' ahht, Me fraid,
    Millian au mischeef. [Exit all.]

SCEEN II.
Kiamp neah Saadis. In front Brutus' tent. Drum.

Henta Brutus, Lucilius, Lucius, an Solja-dem; Titinius an
    Pindarus meet dem.

BRUTUS. Stop, wo!
LUCILIUS. Ghih de wudd, wo, an stop.
BRUTUS. Waw now, Lucilius, Cassius dae neah?
LUCILIUS. Im dae at aan, an Pindarus now coum
    Fe ghih yoo greeten from im' masta.
BRUTUS. Im aa fieyn me well. Yoo' masta, Pindarus,
    Ina im' own-aa chaenj, aw by bad offisa-dem,
    Doun ghih me nuff good reason fe wish
    Ting doun doo undoo; bot if im dae at aan,
    Me aa gho satisfie.
PINDARUS. Me dho doutt
    Bot dhat me' upful masta aa gho appeah
    Such as im dae, full au reghiad an honna.
BRUTUS. Me no doutt dhat. A wudd, Lucilius,
    Ow im receev yoo. Mek me satisfie meself.
LUCILIUS. Wid niesness an wid nuff respeck,
    Bot naw wid such familia instans,

Nau wid such free an frenly convasatian,
As im di ues from ohl.
BRUTUS. Yoo juss descrieb
A ott fren aa cool im aa cool doung. Haeva noet,
Lucilius,
Wen lov aa staat out fe sickn an decay
It aa ues a foess kieyn au behaivia.
It no av no trick in plain an simpl chruss;
Bot hollow man, liek oss wae ott at aan,
Mek ghiallant show an promis dem' couraej;
Bot wen dem fe enduo de bloody spuh,
Dem fall dem' crehs doung an liek deceetful jaed
Sink ina de trial. Aa coum im haamy aa coum on?
LUCILIUS. Dem d'mean dis night ina Saadis fe gheh ohhl up;
De graeta paat, de oss-dem in genaral,
Aa coum wid Cassius. [Low maach insied.]
BRUTUS. Lissn, im now reach ya.
Maach on gencl fe meet im.

{Henta Cassius an im' Powa-dem.}

CASSIUS. Stop, wo!
BRUTUS. Stop, wo! Speak de wudd along.
FHUS SOLJA. Stop!
SECCAN SOLJA. Stop!
TOD SOLJA. Stop!
CASSIUS. Moes upful bredha, yoo doun doo me wrong.
BRUTUS. Judj me, oonu god! Me wrong me' henemy?
An, if naw so, ow Me fe wrong a bredha?

CASSIUS. Brutus, dis soba fom au yoo' own aa ied wrong ting,
    An wen yoo doo dem--
BRUTUS. Cassius, calm yooself,
    Speak yoo' greevans soff, Me know yoo well.
    In front de yiey-dem au boht we' haamy ya,
    Waw no fe sight up nottn bot lov from we,
    No mek we wrangl. Tell dem moov-way;
    Den ina me' tent, Cassius, pour out yoo' greevans,
    An Me aa gho ghih yoo a eayren.
CASSIUS. Pindarus,
    Tell we' comanda-dem fe lead dem' chaaj off
    A licl from dis groung.
BRUTUS. Lucilius, doo de saim, an mek no man
    Coum aa we' tent till we doun doo we' confrans.
    Mek Lucius an Titinius guiad we' doh. [Exit all.]

SCEEN III.
Brutus' tent.

Henta Brutus an Cassius.

CASSIUS. Dhat yoo doun wrong me appeah ina dis:
    Yoo doun condem an noet Lucius Pella
    Fi im aa taik brieb ya from de Saadian-dem,
    Ina waw me' letta-dem, aa beg dem aa beg pon im' sied,
    Becoz Me di know de man, di gheh igno.

BRUTUS. Yoo wrong yooself fe wriet in such a cais.
CASSIUS. In such a tiem as dis it no dae good
  Dhat hevry small wrong ting fe beah ih' judjment.
BRUTUS. Mek me tell yoo, Cassius, yoo yooself
  Gheh condem a lot fi yoo aa av a itchen pahm,
  Fi yoo aa sell an aa maaket yoo' positian fi gohl
  To wottless man.
CASSIUS. Me a itchen pahm?
  Yoo know dhat yoo dae Brutus dhat aa speak dis,
  Aw els, by de god-dem, dis speech di dae yoo' lahs.
BRUTUS. De naim au Cassius aa honna dis corruptian,
  An correctian, fi dis, aa ied im' edd.
CASSIUS. Correctian?
BRUTUS. Rememba Maach, de ieds au Maach rememba.
  Graet Julias diin bleed fi justis' saik?
  Waw jinal touch im' body, oo di stab,
  An naw fi justis? Waw, uon au we,
  Oo d'striek de fomoes man au all dis wull
  Juss fi im aa suppoat robba, we now aa gho
  Contaminaet we' finga wid bais brieb
  An sell de mighty spais au we' laaj honna
  Fi so much trash as kood gheh grab jusso?
  Me di radha dae a dog, an bay de moon,
  Dan such a Roeman.
CASSIUS. Brutus, dho bait me,
  Me naa'o enduo it. Yoo fighet yooself
  Fe cramp me' styel. Me a solja, Me,
  Ohlda in practis, aebla dan yooself
  Fe mek decisian.
BRUTUS. Gwon, yoo no dae aebl, Cassius.
CASSIUS. Me dae aebl.

BRUTUS. Me say yoo no dae aebl.
CASSIUS. Dho push me no mo, Me aa gho fighet meself;
    Av mieyn pon yoo' elt, dho temp me no foda.
BRUTUS. Go-way, licl man!
CASSIUS. Aa it possabl?
BRUTUS. Eay me, faw Me aa gho speak.
    Me av fe ghih way an room to yoo' ott tempa?
    Me aa gho gheh frightn wen a madman aa staer?
CASSIUS. O god, oonu god! Me av fe enduo all dis?
BRUTUS. All dis? Yeh, mo. Fret till yoo' proud ahht braek.
    Go show yoo' slaiv-dem ow touchy yoo dae,
    An mek yoo' slaivbwoy-dem trembl. Me av fe budj?
    Me av fe taik noet au yoo? Me av fe stop an crouch
    Unda yoo' testy tempa? By de god-dem,
    Yoo aa gho digess de venam au yoo' spleen,
    Dhough it aa split yoo, faw, from dis day owt,
    Me'o ues yoo fi me' joek, yeh, fi me' laughta,
    Wen yoo dae waspish.
CASSIUS. It aa coum to dis?
BRUTUS. Yoo say yoo dae a betta solja:
    Mek it appeah so, mek yoo' boasen chue,
    An it aa gho pleez me well. Fi me' own-aa paat,
    Me aa gho dae glad fe loun au upful man-dem.
CASSIUS. Yoo wrong me hevry way, yoo wrong me,
    Brutus.
    Me say, a elda solja, naw a betta.
    Me di say "betta"?
BRUTUS. If yoo di dweet, Me no kiay.
CASSIUS. Wen Ceazaa d'liv, im no daer so di moov me.
BRUTUS. Peeys, peeys! Yoo no daer so di temp im.
CASSIUS. Me no daer?

BRUTUS. Na.
CASSIUS. Waw, no daer temp im?
BRUTUS. Fi yoo' lief yoo diin daer.
CASSIUS. Dho presuem too much pon me lov;
    Me might doo waw Me aa gho dae sorry faw.
BRUTUS. Yoo doun doo waw yoo fe dae sorry faw.
    It no av no terra, Cassius, ina yoo' tret-dem,
    Faw Me dae aam so strong in honnisty,
    Dhat dem pass by me as de hiedl wiin
    Waw Me dho respeck. Me di senn aa yoo
    Fi sotain sum au gohl, waw yoo refuez me,
    Faw Me keya raiz no money by viel means.
    By aevn, Me di radha coin me' ahht
    An drop me' blood fi drachma dan fe wring
    From de aad aan au peasant dem' viel trash
    By heny unda-aan way. Me di senn
    Aa yoo fi gohl fe pay me' legian-dem,
    Waw yoo refuez me. Dhat di gheh doo liek Cassius?
    Me fe ansa Kieus Cassius so?
    Wen Maacus Brutus grow so covetous
    Fe lock such dutty money from im' fren-dem,
    Dae ready, oonu god, wid all oonu tundabolt,
    Dash im to peess!
CASSIUS. Me diin refuez yoo.
BRUTUS. Yoo di dweet.
CASSIUS. Me diin dweet. Im di dae juss a fool
    Dha d'bring me' ansa back. Brutus doun rip me' ahht.
    A fren fe beah im' fren' weakness-dem,
    Bot Brutus aa mek me' own graeta dan dem dae.
BRUTUS. Me dho dweet, till yoo practis dem pon me.
CASSIUS. Yoo dho lov me.

BRUTUS. Me dho liek yoo' fault-dem.
CASSIUS. A frenly yiey kood naeva see such fault.
BRUTUS. A flattara' own whoon, dhough it appeah
    As huej as iegh Olympus.
CASSIUS. Coum, Hantony, an young Hoctavius, coum,
    Revenj oonuself aloen pon Cassius,
    Fi Cassius dae weary au de wull:
    Ait by uon im lov; tehs by im' bredha;
    Check liek a slaivbwoy; all im' fault-dem obsov,
    poot in a noetbook, loun an conn by ahht,
    Fe kias ina me' teet. O, Me kood weep
    Me' spirit from me' yiey-dem! Dae me' dagga dae,
    An ya me' naked bress; insied, a ahht
    Deepa dan Pluto' mien, richa dan gohl.
    If dhat yoo dae a Roeman, taik it owt;
    Me, dha refuez yoo gohl, aa gho ghih yoo me' ahht.
    Striek, as yoo di doo at Ceazaa, faw Me know,
    Wen yoo di ait im woss, yoo di lov im betta
    Dan haeva yoo d'lov Cassius.
BRUTUS. Poot-way yoo' dagga.
    Dae hangry wen yoo want, it aa let off steam;
    Doo waw yoo want, dishonna aa gho dae tempa.
    O Cassius, yoo gheh yoek wid a lahm,
    Dhat aa kiarry hanga as de flint aa beah fiea,
    Oo, a lot gheh foess, show a aissty spaak
    An straightway gheh cohl again.
CASSIUS. Cassius doun liv
    Fe dae juss joek an laughta to im' Brutus,
    Wen greef an blood bad-tempa aa vex im?
BRUTUS. Wen Me speak dhat, Me di dae bad-tempa too.
CASSIUS. Yoo admit so much? Ghih me yoo' aan.

BRUTUS. An me' ahht too.
CASSIUS. O Brutus!
BRUTUS. Aa waw de matta?
CASSIUS. Yoo no av nuff lov fe beah wid me
    Wen dhat rash tempa waw me' mooma ghih me
    Aa mek me fawgetful?
BRUTUS. Yeh, Cassius, an from now on,
    Wen yoo dae ovaunnis wid yoo' Brutus,
    Im'o tinck yoo' mooma aa chied, an leey yoo so.
POET. [Insied.] Mek me go in fe see de genaral-dem.
    It av som grudj between dem. Aa no right
    Dem dae aloen.
LUCILIUS. [Insied.] Yoo naa gho coum to dem.
POET. [Insied.] Nottn bot dedt aa gho stop me.

{Henta Poet, folla by Lucilius, Titinius, an Lucius.}

CASSIUS. Ow now, aa waw de matta?
POET. Fi shaim, oonu genaral! Waw oonu mean?
    Lov, an dae fren, as two such man fe dae;
    Fi Me doun see mo yeays, Me shuo, dan oonu.
CASSIUS. Eh, Eh! Ow viel dis cynic aa rhyem!
BRUTUS. Ghet yooself galang, yootman; rued bwoy,
    galang!
CASSIUS. Beah wid im, Brutus; aa im' fashian.
BRUTUS. Me'o know im' tempa wen im know im' tiem.
    Waw de wau fe doo wid dem-ya jiggen fool?
    Companian, galang!
CASSIUS. Go-way, go-way, gwon! [Exit Poet.]
BRUTUS. Lucilius an Titinius, tell de comanda-dem
    Prepae fe lodj dem' company-dem tonight.

CASSIUS. An coum oonuself an bring Messala wid oonu
    Right away to we. [Exit all: Lucilius an Titinius.]
BRUTUS. Lucius, a bowl au wien! [Exit Lucius.]
CASSIUS. Me diin tinck yoo kooda dae so hangry.
BRUTUS. O Cassius, Me dae sick wid a lot au greef.
CASSIUS. Wid yoo' philosophy yoo aa mek no ues,
    If yoo ghih plais to accidental heevl.
BRUTUS. No man aa beah sorrow betta. Pohtia dae ded.
CASSIUS. Eh? Pohtia?
BRUTUS. She dae ded.
CASSIUS. Ow Me escaip ghet kill wen Me d'cross yoo so?
    O loss wawt aa touch deep bot wid waw yoo keya elp!
    Pon waw sickness?
BRUTUS. Impatiant bowt me' absens,
    An greef dhat young Hoctavius wid Maak Hantony
    Doun mek demself so strong -- faw wid aah' dedt
    Dhat bad news coum too -- wid dis she gheh depress,
    An (aah' attendant-dem absent) swallow fiea.
CASSIUS. An ded so?
BRUTUS. Eevn so.
CASSIUS. O oonu immottal god!

{Re-enta Lucius, wid wien an kiandl.}

BRUTUS. No speak no mo bowt aah. Ghih me a bowl au
    wien.
    Ina dis Me aa bury all unkieyness, Cassius. [Aa drink.]
CASSIUS. Me' ahht it tussty fi dhat upful pledj.
    Full up, Lucius, till de wien ovaflow de cup;
    Me keya drink too much au Brutus' lov. [Aa drink].
BRUTUS. Coum in, Titinius! [Exit Lucius.]

{Re-enta Titinius, wid Messala.}

    Welcoum, good Messala.
    Now mek we siddoung ya cloes roung dis kiandl,
    An call in questian we' necessary ting-dem.
CASSIUS. Pohtia, yoo gon?
BRUTUS. No mo, Me beg yoo.
    Messala, Me doun receev letta ya
    Dhat young Hoctavius an Maak Hantony
    Coum doung pon we wid a mighty powa,
    Aa benn dem aa benn dem' expeditian towaud Philippi.
MESSALA. Meself av letta au de selfsaim ting-dem.
BRUTUS. Wid waw additian?
MESSALA. Dhat by scroll au dedt an bill au unlawfulness
    Hoctavius, Hantony, an Lepidus
    Doun poot to dedt a undred senita.
BRUTUS. Dae ina we' letta it no well agree;
    Me' own aa speak bowt sevnty senita dhat ded
    By dem' scroll au dedt, Cicero im uon.
CASSIUS. Cicero uon!
MESSALA. Cicero im ded,
    An by awda au de scroll au dedt.
    Yoo di ghet yoo' letta-dem from yoo' wief, me' boss?
BRUTUS. Na, Messala.
MESSALA. Nau nottn ina yoo' letta wriet bowt aah?
BRUTUS. Nottn, Messala.
MESSALA. Dhat, Me aa tinck, dae straenj.
BRUTUS. Wie yoo aa aks? Yoo eay henyting bowt aah ina
    yoo' own?
MESSALA. Na, me' boss.

BRUTUS. Now, as yoo dae a Roeman, tell me chue.
MESSALA. Den liek a Roeman beah de chuet Me tell:
    Faw sotain she dae ded, an by straenj manna.
BRUTUS. Wie, faewell, Pohtia. We av fe ded, Messala.
    Wid Me aa meditaet uons dhat she av fe ded
    Me av de patians fe enduo it now.
MESSALA. Eevn so graet man graet loss fe enduo.
CASSIUS. Me av as much au dis in teory as yoo,
    Bot yet me' natia koon beah it so.
BRUTUS. Well, to we' wuck aliev. Waw yoo tinck
    Bowt soon coum aa maach we aa maach aa Philippi?
CASSIUS. Me dho tinck it good.
BRUTUS. Yoo' reason?
CASSIUS. Dis aa it:
    Ih betta dhat de henemy fieyn we;
    So im aa gho waehs im' means, weary im' solja-dem,
    Aa doo im aa doo imself wrong ting, whiel we aa lay
      we aa lay still
    Dae full au ress, defenss, an nimblness.
BRUTUS. Good reason av fe ghih way to betta fe wuck.
    De peopl tween Philippi an dis groung
    Aa stan bot in a foess affectian,
    Fi dem doun grudj we contributian.
    De henemy, aa maach dem aa maach along by dem,
    By dem aa gho mek up a fulla numba,
    Coum on refresh, gheh add new, an encouraej;
    From waw advantaej we aa gho cut im off
    If aa Philippi we fais im dae,
    Dem-ya peopl at we' back.
CASSIUS. Eay me, good bredha.
BRUTUS. Unda yoo' paadn. Yoo av fe noet besieds

>   Dhat we doun try de utmoes au we' fren-dem,
>   We' legian-dem dae brim-full, we' coz dae riep:
>   De henemy aa increess hevry day;
>   We, at de ieght, dae ready fe declien.
>   It av a tied ina de actian au man
>   Waw, taik at de flood aa lead on to fottuen;
>   Gheh omit, all de voyaej au dem' lief
>   Gheh bieyn in shallow an in misary.
>   Pon such a full sea we now dae afloat,
>   An we av fe taik de currant wen it aa sov,
>   Aw looz we' ventia-dem.
> CASSIUS. Den, wen yoo want, gwon;
>   We'o galang weself an meet dem aa Philippi.
> BRUTUS. De deep au night now creep pon we' tauk,
>   An natia av fe doo im' necessary ting,
>   Waw we aa gho satisfie wid a licl ress.
>   It av no mo fe say?
> CASSIUS. No mo. Good night.
>   Ully tomorrow we aa gho riez an galang.
> BRUTUS. Lucius!

{Re-enta Lucius.}

>   Me' gung. [Exit Lucius.]
>   Faewell, good Messala;
>   Good night, Titinius; upful, upful Cassius,
>   Good night an good repoez.
> CASSIUS. O me' deah bredha!
>   Dis di dae a bad staat-out au de night.
>   Naeva coum such divisian between we' soul!
>   No mek ih dae so, Brutus.

BRUTUS. Hevryting dae well.
CASSIUS. Good night, me' boss.
BRUTUS. Good night, good bredha.
TITINIUS. MESSALA. Good night, Boss Brutus.
BRUTUS. Faewell, hevryuon.
              [Exit all bot Brutus.]

{Re-enta Lucius, wid de gung.}

    Ghih me de gung. Wae yoo' hinstrument dae?
LUCIUS. Ya ina de tent.
BRUTUS. Waw, yoo aa speak drowsy?
    Poh wretch, Me no blaim yoo, yoo doun ova-watch.
    Call Claudio an som hodha au me' man-dem,
    Me'o av dem sleep pon cushian ina me' tent.
LUCIUS. Varro an Claudio!

{Henta Varro an Claudio.}

VARRO. Me' boss aa call?
BRUTUS. Me beg oonu, sa, laydoung ina me' tent an sleep;
    It kood dae Me aa gho raiz yoo by an by
    Pon business to me' bredha Cassius.
VARRO. So pleez yooself, we aa gho stannup an watch yoo'
    sleep good.
BRUTUS. Me no want it so. Laydoung, good sa oonu.
    Ih kood dae Me aa gho hodhawiez chaenj up me'
    mieyn.
    Look Lucius, ya de book dae Me look faw so;
    Me d'poot it ina de pocket au me' gung.
              [Varro an Claudio laydoung.]

AC IV, SCEEN III   Julias Ceazaa   89

LUCIUS. Me di dae shuo bossman yoo diin ghih it me.
BRUTUS. Beah wid me, good bwoy, Me aa fighetful a lot.
     Yoo kood ohhl up yoo' aevy yiey-dem a whiel,
     An touch yoo' hinstrument a strain aw two?
LUCIUS. Yeh, me' boss, as ih pleez yoo.
BRUTUS. It aa doo, me' bwoy.
     Me troubl yoo too much, bot yoo dae willen.
LUCIUS. Aa me' jooty, sa.
BRUTUS. Me no fe press yoo' jooty pahs yoo' might;
     Me know young blood-dem look fi a tiem au ress.
LUCIUS. Me doun sleep, me' boss, aready.
BRUTUS. Aa good ting yoo di dweet, an yoo aa gho sleep again;
     Me naa gho ohhl yoo long. If Me liv,
     Me aa gho dae good to yoo. [Music, an a song.]
     Dis a sleepy tuen. O moudarus slumba,
     Yoo aa lay doung yoo' leadn wann pon me' bwoy
     Oo aa play yoo music? Gencl wretch, good night.
     Me naa gho doo yoo so much wrong fe waik yoo up.
     If yoo nod, yoo'o braek yoo' hinstrument;
     Me'o taik it from yoo; an, good bwoy, good night.
     Mek me see, mek me see; de paej no gheh toun doung
     Wae Me d'leey off aa read? Ya it dae, Me tinck. [Aa siddoung.]

{Henta de Ghohs au Ceazaa.}

Ow bad dis kiandl aa boun! Eh, oo aa coum ya?
     Me tinck it aa de weakness au me' yiey-dem
     Dhat aa shaip dis himaej au a monsta.
     It aa coum pon me. Yoo dae henyting?

Aa yoo som god, som aenjal, aw som devil
Dhat aa mek me' blood cohl an me' haih fe raiz?
Speak to me waw yoo dae.

GHOHS. Yoo' heevl spirit, Brutus.

BRUTUS. Wie yoo aa coum?

GHOHS. Fe tell yoo, yoo aa gho see me aa Philippi.

BRUTUS. Well, den Me aa gho see yoo again?

GHOHS. Yeh, aa Philippi.

BRUTUS. Wie, Me aa gho see yoo aa Philippi den. [Exit Ghohs.]
Now Me doun taik ahht yoo aa vanish.
Bad spirit, Me waan ohhl mo tauk wid yoo.
Bwoy! Lucius! Varro! Claudio! Sa oonu, waik up! Claudio!

LUCIUS. De string-dem, me' boss, aa falss.

BRUTUS. Im aa tinck im still dae aa im' hinstrument.
Lucius, waik up!

LUCIUS. Me' boss?

BRUTUS. Yoo di dream, Lucius, dhat yoo bawl out so?

LUCIUS. Me' boss, Me dho know dhat Me di bawl.

BRUTUS. Yeh, dhat yoo di doo. Yoo di see henyting?

LUCIUS. Nottn, me' boss.

BRUTUS. Sleep again, Lucius. Yootman Claudio!
[To Varro.] Yoo fella, waik up!

VARRO. Me' boss?

CLAUDIO. Me' boss?

BRUTUS. Wie oonu di bawl out so, sa, ina oonu' sleep?

VARRO. CLAUDIO. We di dweet, me' boss?

BRUTUS. Yeh, yoo see henyting?

VARRO. Na, me' boss, Me see nottn.

CLAUDIO. Nau Me, me' boss.

BRUTUS. Go an tell ow Me aa doo to me' bredha Cassius;
 tell im staat out im' powa-dem quick in front,
 An we aa gho folla.
VARRO. CLAUDIO. It aa gho gheh doo, me' boss. [Exit all.]

AC V,. SCEEN I.
De flatlan-dem au Philippi.

Henta Hoctavius, Hantony, an dem' Haamy.

HOCTAVIUS. Now, Hantony, we' oep gheh ansa.
    Yoo say de henemy whoon coum doung,
    Bot keep de ihll an uppa regian.
    It no proov so. Dem' batl dae at aan;
    Dem mean fe tehs we ya ina Philippi,
    Aa ansa dem aa ansa befo we deman from dem.
HANTONY. Cho, Me dae ina dem' bosom, an Me know
    Fi waw dem dweet. Dem kood dae content
    Fe visit hodha plais, bot coum doung
    Wid frightnen braivry, aa tinck dem aa tinck by dis
     fais
    Fe fassn ina we' tawt dhat dem av couraej;
    Bot it no dae so.

{Henta a Messenja.}

MESSENJA. Oonu prepae, genaral.
    De henemy aa coum on in ghiallant show;
    Dem' bloody sign au batl gheh ang out,
    An somting fe gheh doo right away.

AC V, SCEEN I — Julias Ceazaa

HANTONY. Hoctavius, lead yoo' batl on slow,
    Pon de leff aan au de levl fheel.
HOCTAVIUS. Pon de right aan Me, yoo keep pon de leff.
HANTONY. Wie yoo aa cross me ina dis crucial ting?
HOCTAVIUS. Me no cross yoo, bot Me aa gho dweet.

{Maach. Drum. Henta Brutus, Cassius, an dem' Haamy;
    Lucilius, Titinius, Messala, an hodhas.}

BRUTUS. Dem stannup, an waan fe ohhl peeys-tauk.
CASSIUS. Stan cloes, Titinius; we av fe out an tauk.
HOCTAVIUS. Maak Hantony, we aa gho ghih sign au batl?
HANTONY. Na, Ceazaa, we aa gho ansa pon dem' chaaj.
    Mek fawaud, de genaral-dem waan av som wudd.
HOCTAVIUS. Dho moov until de signal.
BRUTUS. Wudd befo blows. Aa so, countryman?
HOCTAVIUS. Naw dhat we lov wudd betta, liek aa yoo.
BRUTUS. Good wudd dae betta dan bad stroek, Hoctavius.
HANTONY. Ina yoo' bad stroek, Brutus, yoo ghih good
    wudd.
    Witness de hoel yoo mek ina Ceazaa' ahht,
    Aa bawl yoo aa bawl "Long liv! Hail, Ceazaa!"
CASSIUS. Hantony,
    De real weight au yoo' blows still no gheh know;
    Bot fi yoo' wudd-dem, dem rob de busyess bee-dem,
    An leey dem oenyless.
HANTONY. Naw stingless too.
BRUTUS. O, yeh, an soungless too,
    Faw yoo doun steal dem' buzzen, Hantony,
    An real wiez tretn befo yoo sting.

HANTONY. Jinal! Oonu diin doo so wen oonu' viel dagga-
   dem
   Hack uon anodha ina de sied au Ceazaa.
   Oonu d'show oonu' teet liek aip, an fawn liek dog,
   An bow liek slaivbwoy, aa kiss oonu aa kiss Ceazaa'
      foot;
   Whiel daam Kiasca, liek a dog, behieyn
   Striek Ceazaa pon de neck. O oonu flattara!
CASSIUS. Flattara? Now, Brutus, tanck yooself.
   Dis tung diin offenn so today,
   If Cassius didaa lead.
HOCTAVIUS. Coum, coum, de coz. If aa aague we aague
      mek we swet,
   De proof au it aa gho toun to redda drop.
   Look,
   Me draw a soad gaints conspirata;
   Wen yoo tinck dhat de soad aa go up again?
   Naeva, till Ceazaa' chree an toty woong
   Gheh avenj good, aw till anodha Ceazaa
   Doun bring slaughta to de soad au traita.
BRUTUS. Ceazaa, yoo keya ded by traita' aan,
   Unless yoo bring dem wid yoo.
HOCTAVIUS. So Me oep,
   Me diin gheh bhon fe ded pon Brutus' soad.
BRUTUS. O, if yoo di dae de moes upful au yoo' strain,
   Young man, yoo koon ded mo honnarabl.
CASSIUS. A idiat skool bwoy, wottless au such honna,
   Join wid a mascarada an a revella!
HANTONY. Ohl Cassius still!
HOCTAVIUS. Coum, Hantony, coum-way!
   Defieens, oonu traita, aa huhl weself ina oonu' teet.

If oonu daer fight today, coum aa de fheel;
If not, wen oonu av stomach.
[Exit all: Hoctavius, Hantony, an dem' Haamy.]
CASSIUS. Wie, now, blow wiin, swell up waiv, an swim boat!
De stom dae up, an all ting dae in dainja.
BRUTUS. Wo, Lucilius! Lissn -- a wudd wid yoo.
LUCILIUS. [Aa stan fawaud.] Me' boss?
[Brutus an Lucilius convos aloen.]
CASSIUS. Messala!
MESSALA. [Aa stan fawaud.] Waw me' genaral aa say?
CASSIUS. Messala,
Dis aa me' bhutday, pon dis saim day
Cassius di bhon. Ghih me yoo' aan, Messala.
Yoo dae me' witness dhat, againts me' will,
As Pompey di doo, Me gheh compell fe poot
Pon uon batl all we' libaty-dem.
Yoo know dhat Me ohhl Epicurus strong,
An im' opinian. Now Me chaenj me' mieyn,
An in paat credit ting dhat ghih waunen.
Aa coum we aa coum from Saadis, pon we' fomma flag-poel
Two mighty eagl fall, an dae dem putch,
Aa gojj dem aa gojj an aa nyam from we' solja-dem aan,
Oo den coum wid we ya aa Philippi.
Dis monnen dem juss flie-way an gon,
An ina dem' plais Jan-crow, raevn, an kiet
Flie ova we' edd an look doung pon we,
As if we di dae sick prey. Dem' shadow seem
A kianopy so fatal, unda waw

We' haamy laydoung, ready fe ghih up de ghohs.
MESSALA. Dho beleev so.
CASSIUS. Me juss beleev it in paat,
    Faw Me dae fresh in spirit an resolv
    Fe meet all peril real steady.
BRUTUS. Eevn so, Lucilius.
CASSIUS. Now, moes upful Brutus,
    De god-dem today stan as fren dhat we kood,
    Comrad in peeys, lead on we' days to ohl aej!
    Bot, sinss de affaihs au man still ress unsotain,
    Mek we reason wid de woss dha kood fall out.
    If we looz dis batl, den aa dis
    De real lahs tiem we aa gho speak toghiada.
    Waw yoo den dae detomin fe doo?
BRUTUS. Eevn by de ruel au dhat philosophy
    By waw Me di blaim Cato fi de dedt
    Waw im di ghih imself-- Me no know ow,
    Bot Me fieyn it a cowaud ting an viel,
    Out au feah au waw might coum to chaenj up
    De coess au lief -- so aa aam me aa aam meself wid
     patians
    Fe stop de mighty aan au som iegh powa
    Dhat aa ruel we ya below.
CASSIUS. Den, if we looz dis batl,
    Yoo content fe gheh lead in triumph
    Choo de street-dem au Roem?
BRUTUS. Na, Cassius, na. No tinck, yoo upful Roeman,
    Dhat haeva Brutus aa gho go bieyn up aa Roem;
    Im beah too graet a mieyn. Bot dis saim day
    Av fe enn dhat wuck de ieds au Maach staat-out.
    An wedda we aa gho meet again Me no know.

Fi dis, we' haevalasten faewell taik.
Fi haeva, an fi haeva, faewell, Cassius!
If we meet again, wie, we aa gho smiel;
If naw so, wie den dis paaten di well mek.
CASSIUS. Fi haeva an fi haeva faewell, Brutus!
If we meet again, we'o smiel fi real;
If naw so, aa chue dis paaten di well mek.
BRUTUS. Wie den, lead on. O, dhat a man might know
De enn au dis day' business befo it coum!
Bot it aa nuff dhat de day aa gho enn,
An den de enn gheh know. Coum, wo! Go-way! [Exit all.]

SCEEN II.
De fheel au batl.

Alaam. Henta Brutus an Messala.

BRUTUS. Ried, ried, Messala, ried, an ghih dem-ya awdas
To de legian-dem pon de hodha sied. [Loud alaam.]
Mek dem staat out at uons, fi Me sight up
Ongl cohl expressian ina Hoctavius' wing,
An suddn push aa ghih dem de ovachoh.
Ried, ried, Messala. Mek dem all coum doung. [Exit all.]

SCEEN III.
Anodha paat au de fheel.

Alaam-dem. Henta Cassius an Titinius.

CASSIUS. O, look, Titinius, look, de jinal-dem aa run-way!
    Meself to me' own doun toun henemy.
    Dis ya flag-man au me' own didaa toun back;
    Me kill de cowaud, an di taik it from im.
TITINIUS. O Cassius, Brutus ghih de wudd too ully,
    Oo, aa av im aa av som advantaej pon Hoctavius,
    Taik it too eaga. Im' solja-dem fall to spoil,
    Whiel we by Hantony gheh all cloes in.

{Henta Pindarus.}

PINDARUS. Run way off, me' boss, run way off;
    Maak Hantony dae ina yoo' tent-dem, me' boss;
    Fi dis, run-way, upful Cassius, run way off.
CASSIUS. Dis ihll dae nuff faa. Look, look, Titinius:
    Dem-dae aa me' tent-dem wae Me sight up de fiea?
TITINIUS. Dem aa it, me' boss.
CASSIUS. Titinius, if yoo lov me,
    Mount up me' oss an ied yoo' spuh-dem ina im,
    Till im doun bring yoo up aa yonda troop
    An back ya, dhat Me kood ress ashuo
    Wedda yonda troop-dem aa fren aw henemy.
TITINIUS. Me aa gho dae back ya, eevn wid a tawt. [Exit.]
CASSIUS. Go, Pindarus, ghet iegha pon dhat ihll;
    Me' sight di haeva dae tihk; look aad, Titinius,

AC V, SCEEN IV Julias Ceazaa

An tell me waw yoo aa noet bowt de fheel.
                    [Pindarus go up de ihll.]
Dis day Me d'breeyd fhus: tiem now coum roung,
An wae Me di staat-out, dae Me aa gho enn;
Me' lief now run ih' compass. Yootman, waw news?

PINDARUS. [Up ova.] O me' boss!

CASSIUS. Waw news?

PINDARUS. [Up ova.] Titinius gheh cloes in roung bowt
    Wid ossman, dhat aa mek fe im pon de spuh;
    Yet im aa spuh on. Now dem dae almoes pon im.
    Now, Titinius! Now som aa jump doung. O, im too aa
      jump doung.
    Im gheh taik [Shout.] An, lissn! Dem shout fi joy.

CASSIUS. Coum doung; sight up no mo.
    O, cowaud dhat Me dae, fe liv so long,
    Fe see me' bess fren taik in front me' fais!
    [Pindarus aa coum doung].
    Coum by ya, yootman.
    Ina Paattia Me di taik yoo prisona,
    An den yoo sweah me, aa saiv me aa saiv yoo' lief,
    Dhat wawsoever Me di tell yoo doo,
    Yoo fe attemp it. Coum now, keep yoo' oett;
    Now dae a freeman, an wid dis good soad,
    Dha d'run choo Ceazaa' bowel-dem, sutch dis bosom.
    Dho stop fe ansa: right ya, taik de ihlt;
    An wen me' fais gheh cova, as ih dae now,
    Guied de soad. [Pindarus stab im.] Ceazaa, yoo gheh
      revenj,
    Eevn wid de soad dha d'kill yoo. [Im aa ded.]

PINDARUS. So, Me dae free, yet diin waan dae so,
    If Me kooda doo me' own-aa will. O Cassius!

Faa from dis country Pindarus aa gho run,
Wae naeva Roeman aa gho taik noet au im. [Exit.]

{Re-enta Titinius wid Messala.}

MESSALA. Aa juss chaenj, Titinius, faw Hoctavius
    Gheh ovachoh by upful Brutus' powa,
    As Cassius' legian-dem gheh doo by Hantony.
TITINIUS. Dem-ya good news aa gho well comfot Cassius.
MESSALA. Wae yoo di leey im?
TITINIUS. All inconsolabl,
    Wid Pindarus im' slaivbwoy, pon dis ihll.
MESSALA. Aa no im dhat aa laydoung pon de groung?
TITINIUS. Im no laydoung liek de liven. O me' ahht!
MESSALA. Dhat no dae im?
TITINIUS. Na, dis im di dae, Messala,
    Bot Cassius no dae no mo. O sun dhat aa set,
    As ina yoo' red ray-dem yoo aa sink tonight,
    So ina im red blood Cassius' day now set,
    De sun au Roem, it set! We' day gon;
    Cloud, djew, an dainja aa coum; we' ting-dem doun!
    Mischruss au me' success doun doo dis ting.
MESSALA. Mischruss au good success doun doo dis ting.
    O wrong wrong chois, no-confidens' picny,
    Wie yoo aa show to de good tawt au man
    De ting-dem wae no dae? O wrong chois, soon tinck
      bowt,
    Yoo naeva coum to a appy bhut,
    Bot kill de mooma dhat ghih bhut tu yoo!
TITINIUS. Waw, Pindarus! Wae yoo dae, Pindarus?
MESSALA. Fieyn im, Titinius, whiel Me go fe meet

De upful Brutus, aa jook Me aa jook dis repoat
Ina im aez. Me kood say "aa jook" it,
Faw steel dhat aa peays an daat wid venam
Aa gho dae as welcoum to de aez au Brutus
As de news au dis sight.
TITINIUS. Urry, Messala,
An Me aa gho look fi Pindarus de whiel. [Exit Messala.]
Wie yoo di senn me owt, braiv Cassius?
Me diin meet yoo' fren-dem? An dem diin
Poot pon me' brow dis wreadt au victry,
An tell me ghih it yoo? Yoo diin eay dem' shout-dem?
Oyoy, yoo doun misundastan hevryting!
Bot, ohhl yooself, taik dis ghiaalan pon yoo' brow;
Yoo' Brutus tell me ghih it yoo, an Me
Aa gho doo waw im say. Brutus, coum quick,
An see ow Me reghiad Kieus Cassius.
By yoo' leev, oonu god, dis a real Roeman' paat.
Coum, Cassius' soad, an fieyn Titinius' ahht.
[Aa kill imself.]

{Alaam. Re-enta Messala, wid Brutus, young Cato, an hodhas.}

BRUTUS. Wae, wae, Messala, im' body aa laydoung?
MESSALA. Look, yonda, an Titinius aa moen im aa moen it.
BRUTUS. Titinius' fais dae upwaud.
CATO. Im gheh kill.
BRUTUS. O Julias Ceazaa, yoo dae mighty still!
Yoo spirit aa wauk roung, an aa toun we' soad-dem
Ina we' own-aa guts. [Low alaam-dem.]

CATO. Braiv Titinius!
   Look wedda im no croung ded Cassius!
BRUTUS. Two Roeman still aa liv such as dem-ya?
   De lahs au all de Roeman-dem, fae oonu well!
   It aa impossabl dhat haeva Roem
   Fe breed yoo' equal. Fren oonu, Me oew mo teahs
   To dis ded man dan oonu aa gho see me pay.
   Me aa gho fieyn tiem, Cassius, Me aa gho fieyn tiem.
   Fi dis, coum, an aa Tassos senn im' body;
   Im funaral naa gho dae ina we' kiamp,
   Lehs it discomfot we. Lucilius, coum,
   An coum, young Cato; mek we go aa de fheel.
   Labio an Flavio, staat out we' batl-dem.
   Aa chree o'clock, an Roeman oonu, befo night
   We aa gho try fottuen in a seccan fight. [Exit all.]

SCEEN IV.
Anodha paat au de fheel.

Alaam. Henta, aa fight dem aa fight, Solja from boht haamy;
   den Brutus, young Cato, Lucilius, an hodhas.

BRUTUS. Still, countryman, O, still ohhl up oonu' edd!
CATO. Waw bastaad no dweet? Oo aa gho go wid me?
   Me aa gho shout out me' naim roung bowt de fheel.
   Me aa de son au Maacus Cato, wo!
   A foe to tyrant, an me' country' fren.
   Me aa de son au Maacus Cato, wo!

AC V, SCEEN IV   Julias Ceazaa   103

BRUTUS. An Me aa Brutus, Maacus Brutus, Me;
    Brutus, me' country' fren; know me fi Brutus! [Exit.]
LUCILIUS. Ah, young an upful Cato, yoo dae doung?
    Wie, now yoo aa ded as braiv as Titinius,
    An kood gheh honna, aa Cato' son yoo aa Cato' son.
FHUS SOLJA. Yeel, aw yoo aa ded.
LUCILIUS. Me yeel ongl fe ded.
    [Offa money.] So much dae dae dhat yoo aa gho kill me straight:
    Kill Brutus, an gheh honna ina im' dedt.
FHUS SOLJA. We no fe dweet. A upful prisona!
SECCAN SOLJA. Room, wo! Tell Hantony, Brutus gheh taik.
FHUS SOLJA. Me'o tell de news. Ya de genaral aa coum.

{Henta Hantony.}

    Brutus gheh taik, Brutus gheh taik, me' boss.
HANTONY. Wae im dae?
LUCILIUS. Saif, Hantony, Brutus dae nuff saif.
    Me kood ashuo yoo dhat no henemy
    Aa gho haeva taik aliev de upful Brutus;
    De god-dem defenn im from so graet a shaim!
    Wen yoo fieyn im, iedha aliev aw ded,
    Im aa gho gheh fieyn liek Brutus, liek imself.
HANTONY. Dis no dae Brutus, fren, bot, Me ashuo yoo,
    A priez no less in wott. Keep dis man saif,
    Ghih im all kieynness; Me di radha av
    Such man me' fren dan henemy. Gwon,
    An see wedda Brutus dae aliev aw ded,
    An bring we wudd ina Hoctavius' tent
    Ow hevryting aa appn. [Exit all.]

SCEEN V.
Anodha paat au de fheel.

Henta Brutus, Daddanius, Clitus, Strato, an Volumnius.

BRUTUS. Coum fren, oonu poh sovieva, ress pon dis rock.
CLITUS. Statilius d'show de toechlight, bot, me' boss,
    Im no coum back. Im gheh taik aw kill.
BRUTUS. Siddoung, Clitus. Killen aa de wudd:
    It a ting in fashian. Lissn yoo, Clitus. [Aa whispa.]
CLITUS. Waw, Me, me' boss? Na, naw fi all de wull.
BRUTUS. Peeys den, no wudd.
CLITUS. Me'o radha kill meself.
BRUTUS. Lissn yoo, Daddanius. [Aa whispa.]
DADDANIUS. Me aa gho doo such a ting?
CLITUS. O Daddanius!
DADDANIUS. O Clitus!
CLITUS. Waw bad requess Brutus di mek aa yoo?
DADDANIUS. Fe kill im, Clitus. Look, im aa meditaet.
CLITUS. Now dhat upful vessel dae full au greef,
    Dhat it aa run ova eevn at im' yiey.
BRUTUS. Coum on ya, good Volumnius, lissn a wudd.
VOLUMNIUS. Waw yoo aa say me' boss?
BRUTUS. Wie, dis, Volumnius:
    De ghohs au Ceazaa doun appeah to me
    Two tiem aready by night; ina Saadis uons,
    An dis lahs night right ya ina Philippi fheel.
    Me know me' houa now coum.

AC V, SCEEN V   Julias Ceazaa   105

VOLUMNIUS. Naw so, me' boss.
BRUTUS. Naa -- Me dae shuo it dae so, Volumnius.
    Yoo aa see de wull, Volumnius, ow it aa go;
    We' henemy-dem doun chaes we to de pit; [Low alaam.]
    It dae mo wotty fe jump in weself
    Dan wait roung till dem aa push we. Good Volumnius,
    Yoo know dhat we two di go aa skool toghiada;
    Eevn fi dhat we' lov from ohl-tiem, Me beg yoo,
    Ohhl me' soad-andl, whiel aa run Me aa run pon it.
VOLUMNIUS. Dhat no dae a jooty fi a fren, me' boss.
    [Alaam still.]
CLITUS. Run-way, run-way, me' boss, it no av no waiten roung ya.
BRUTUS. Faewell to yoo, an yoo, an yoo, Volumnius.
    Strato, yoo di dae all dis whiel asleep;
    Faewell to yoo too, Strato. Countryman oonu,
    Me' ahht aa mek joy dhat yet ina all me' lief
    Me no fieyn no man bot im di dae chue to me.
    Me aa gho av glory by dis day waw Me looz,
    Mo dan Hoctavius an Maak Hantony
    By dis viel conquess aa gho ghet.
    So, fae oonu well at uons, fi Brutus' tung
    Doun almoes enn im' lief' histry.
    Night aa ang pon me' yiey-dem, me' boen-dem waan ress
    Waw doun bot laiba fe ghet to dis houa.
    [Alaam. Bawl insied, "Run-way, run-way!"]
CLITUS. Run-way, me' boss, run-way.
BRUTUS. Galang! Me aa gho folla.
    [Exit all: Clitus, Daddanius, an Volumnius.]

Me beg yoo, Strato, stay back by yoo' boss.
Yoo a fella wid a good respeck;
Yoo' lief di av som bit au honna ina it.
Ohhl den me' soad, an toun-way yoo' fais,
Whiel Me aa run pon it. Yoo aa gho dweet, Strato?
STRATO. Ghih me yoo' aan fhus. Fae yoo well, me' boss.
BRUTUS. Faewell, good Strato. [Aa run pon im' soad].
Ceazaa, now dae still;
Me diin kill yoo wid ahhf so good a will. [Aa ded.]

{Alaam. Retreat. Henta Hoctavius, Hantony, Messala,
    Lucilius, an de Haamy.}

HOCTAVIUS. Waw man aa dhat?
MESSALA. Me' masta' man. Strato, wae yoo' masta dae?
STRATO. Free from de bonndaej yoo dae ina, Messala:
    De conqcara-dem kood ongl mek a fiea wid im;
    Faw Brutus aloen ovacoum imself,
    An no man els av honna by im' dedt.
LUCILIUS. So Brutus fe gheh fieyn. Me tanck yoo, Brutus,
    Dhat yoo doun proov Lucilius' wudd-dem chue.
HOCTAVIUS. All oo d'sov Brutus, Me aa gho mek plais fe dem.
    Fella, yoo aa gho sov out yoo' tiem wid me?
STRATO. Yeh, if Messala aa gho tell me go wid yoo.
HOCTAVIUS. Dweet, good Messala.
MESSALA. Ow me' masta di ded, Strato?
STRATO. Me ohhl de soad, an im di run pon it.
MESSALA. Hoctavius, den taik im fe folla yoo
    Oo di doo de lahs good sovis fi me' masta.
HANTONY. Dis di dae de moes upful Roeman au dem all.

All de conspirata-dem, saiv im aloen,
Di doo waw dem di doo in envy au graet Ceazaa;
Im aloen, in a unselfish honnis tawt
An comman good to all, d'mek uon au dem.
Im' lief di dae gencl, an de element-dem
So mix ina im dhat Natia kood stannup
An say to all de wull, "Dis di dae a man!"
HOCTAVIUS. Accodden to im' votue mek we ues im
Wid all respeck ina de buryal.
Ina me' tent im' boen-dem tonight aa gho laydoung,
Juss liek a solja, treat wid honna.
So call de fheel to ress, an mek we go-way,
Fe paat de glory-dem au dis appy day. [Exit all.]

DE ENN

Δ

DE TRAGEDY AU JULIAS CEAZAA: A Rastafarian Vosian

Table of Contents

Dramatis Personae   111

AC I   113
AC II   135
AC III   158
AC IV   183
AC V   201

Δ

Dramatis Personae

JULIAS CEAZAA, Roeman staetman an genaral
HOCTAVIUS, uon au de Chree-man-powa afta Ceazaa'
    dedt, laita Augustus Ceazaa, fhus empara au Roem
MAAK Hantony, genaral an i-drin au Ceazaa, uon au de
    Chree-man-powa afta im' dedt
LEPIDUS, tod memba au de Chree-man-powa
MAACUS BRUTUS, leada au de conspirasy gaints Ceazaa
CASSIUS, instigaeta au de conspirasy
KIASCA, conspirata againts Ceazaa
TREBONIUS, " " "
KIEUS LIGARIUS, " " "
DECIUS BRUTUS, " " "
METELLUS CIMBA, " " "
CINNA, " " "
CALPONIA, queen au Ceazaa
POHTIA, queen au Brutus
CICERO, senita
POPILIUS, "
POPILIUS LENA, "
FLAVIUS, community leada
MARULLUS, community leada
CATO, suppoata au Brutus
LUCILIUS, " " "
TITINIUS, " " "
MESSALA, " " "
VOLUMNIUS, " " "
AATIMIDORUS, a teacha au rhetoric
CINNA, a poet
VARRO, sovant to Brutus

CLITUS, " " "
CLAUDIO, " " "
STRATO, " " "
LUCIUS, " " "
DADDANIUS, " " "
PINDARUS, sovant to Cassius
De Ghohs au Ceazaa
A Fottuen-tella
A Poet
Senita, Citizn, Solja, Commana, Messenja, an Sovant

SCEEN-DEM: Roem, de conspirata-dem' kiamp neah
    Saadis, an de flatlan-dem au Philippi.

AC I,. SCEEN I.
Roem. A street.

Henta Flavius, Marullus, an sotain Commana-dem.

FLAVIUS. Galang, oem, oonu hiedl creatia, ghet oonuself oem.
 Dis a olliday? Waw, oonu no know,
 Aa meckianical oonu aa meckianical, oonu no fe wauk
 Out pon a wuckday widout de sign
 Au oonu' professian? Speak, waw traid oonu dae?
FHUS COMMANA. Wie, Ras, a kiaapenta.
MARULLUS. Wae de-I' ledda aepron an de-I' ruela dae?
 Waw de-I aa doo wid de-I' bess suit au clhohz on?
 De-I, Ras, waw traid de-I dae?
SECCAN COMMANA. In chuet, Ras, wid respeck fi a good wuckman, I-man dae juss, as de-I gho say, a cobbla.
MARULLUS. Bot waw traid de-I dae? Ansa I straight up.
SECCAN COMMANA. A traid, Ras, dhat, I-man oep, I-man kood ues wid a saif conscians, waw dae fi real, Ras, a menda au bad soel.
MARULLUS. Waw traid, de-I wretch? De-I haunted wretch, waw traid?

SECCAN COMMANA. Naa, I-man really beg de-I, Ras, dho gheh out wid I; yet, if de-I gheh out, Ras, I-man kood menn de-I.
MARULLUS. Waw de-I aa mean by dhat? Menn I, de-I rued bwoy!
SECCAN COMMANA. Wie, Ras, cobbl de-I.
FLAVIUS. De-I a cobbla, aa no right?
SECCAN COMMANA. In chuet, Ras, all dhat I-man liv by aa wid de awl; I-man no medl wid no traidman' matta, nau sistrin' matta, bot wid awl. I-man dae fi real, Ras, a sujjeon fi ohl shoe; wen dem dae in graet dainja, I-man recova dem. As proppa jred as i-va trod pon cow-ledda doun gon pon I-man' aandiwuck.
FLAVIUS. Bot fi waw de-I no dae ina de-I' shop today? Wie de-I aa lead dem-ya jred bowt de street?
SECCAN COMMANA. In chuet, Ras, fe weah out dem' shoe fe ghet I-man self ina mo wuck. Bot fi real, Ras, I-n-I mek olliday fe checkout Ceazaa an fe rejois ina im' triumph.
MARULLUS. Fi waw rejois? Waw conquess im aa bring oem?

Waw jred fi ransom aa folla im aa Roem
Fe bright-up in kiaptiv bonn im' chariot wheel?
Oonu block, oonu stoen, oonu mo-woss dan sensless ting!
O oonu aad ahht, oonu cruel jred au Roem,
Oonu no know Pompey? Eeyp au tiem an nuff
Oonu doun clieym up aa wall an foet,
Aa towa an wiinda, yes-I, aa chibney i-ts,
Oonu' hinfant-dem ina oonu' aan, an dae di satta
De oewl long day wid patiant hexpectatian

AC I, SCEEN I — Julias Ceazaa — 115

Fe sightup graet Pompey aa pass de street-dem au Roem.
An wen oonu sightup im' chariot juss appeah,
Oonu no di mek a i-nivosal shout
Dhat Tieba trembl doung in aah' bank-dem
Fe eay de soung au oonu' vois bouncs roung
An roung ina aah' concaev shoh?
An oonu now aa poot on oonu' bess dress-clhohz?
An oonu now aa call out a olliday?
An oonu now aa choh flowa ina im' way
Dhat aa coum in triumph ova Pompey' blood?
Gwon!
Run aa oonu' ouss-dem, fall pon oonu' knee,
Pray to de jaja-dem fe ohll back quick de plaeg
Dhat muss av fe fall pon dis ingratitued.

FLAVIUS. Go, go, good countryman, an, fi dis fault,
Assembl all de poh jred au oonu sott,
Draw dem aa Tieba bank, an weep oonu teahs
Ina de channel, till de lowis stream
Aa kiss it aa kiss de moes iegh shoh au all.
[Exit all Commana].
Checkout wedda dem' moes dens paat it no ghet moov;
Dem vanish tung-tie ina dem' guiltiness.
Go doung dhat aa way towaud de Kiapitol;
Dis aa way I-man aa'o go. Strip doung de himaej-dem
Wae de-I aa fieyn dem dress up wid honnament.

MARULLUS. I-n-I fe doo dhat?
De-I know it aa de feess au Lupaccal.

FLAVIUS. Aa no matta; mek no himaej

Gheh ang wid Ceazaa' trophy-dem. I-man aa'o go
   roung
An driev-way de vulgaa-dem from de street;
Dweet too, wae de-I aa sight dem up tihk.
Dem-ya growen fedda pluck from Ceazaa' wings
Aa gho mek im flie a hoddinary pitch,
Oo els aa gho soah up ova de veew au jred
An keep i-a all as sovant dhat aa fraid dem' shadow.
   [Exit all.]

SCEEN II.
A public plais.

Chumpet music. Henta Ceazaa; Hantony, faw de rais;
    Calponia, Pohtia, Decius, Cicero, Brutus, Cassius, an
    Kiasca; a big crowd aa folla, mong dem a Fottuen-
    tella.

CEAZAA. Calponia!
KIASCA. Peeys, wo! Ceazaa aa speak.
    [Music aa ceess.]
CEAZAA. Calponia!
CALPONIA. Ya, I-man' boss.
CEAZAA. Stannup straight ina Hantonio' way,
    Wen im aa run im' rais. Hantonio!
HANTONY. Ceazaa, I-man' boss?
CEAZAA. Dho fighet ina de-I' speed, Hantonio,
    Fe touch Calponia, fi I-n-I' elda-dem say

De barryn, touch ina dis ola rais,
　　Shaik off dem' steriel cuss.
HANTONY. I-man aa gho rememba.
　　Wen Ceazaa say "Doo dis," ih gheh doo so.
CEAZAA. Staat out, an no leey no ceramony out. [Chumpet music.]
FOTTUEN-TELLA. Ceazaa!
CEAZAA. Eh! Oo aa call?
KIASCA. Tell hevry noiz dae still. Peeys uons mo!
CEAZAA. Aa oo it ina de crowd dhat aa call pon I?
　　I-man eay a tung, louda dan all de music,
　　Bawl Ceazaa." Speak, Ceazaa im toun fe eay.
FOTTUEN-TELLA. Bewae de ieds au Maach.
CEAZAA. Waw jred aa dhat?
BRUTUS. A fottuen-tella tell de-I bewae de ieds au Maach.
CEAZAA. Poot im in front I mek I checkout im' fais.
CASSIUS. Fella, coum from de crowd; look pon Ceazaa.
CEAZAA. Waw de-I aa say to I now? Speak uons mo.
FOTTUEN-TELLA. Bewae de ieds au Maach.
CEAZAA. Im a dreama; mek i-a leey im. Pass.
　　[Chumpet. Exit all bot Brutus an Cassius.]
CASSIUS. De-I aa gho go checkout de pofommans au de rais?
BRUTUS. Naw I.
CASSIUS. I-man beg de-I, dweet.
BRUTUS. I-man no dae gaimsom; I-man aa lack som paat
　　Au dhat quick spirit waw dae ina Hantony.
　　No mek I ohhl back, Cassius, de-I' intentian;
　　I-man'o leey de-I.
CASSIUS. Brutus, I-man i-sov de-I now lately;
　　I-man no av from de-I' yiey dhat genclness

An show au lov as I-man di ues to av;
De-I beah too stubban an too straenj a aan
Ova de-I' i-drin dhat aa lov de-I.

BRUTUS. Cassius,
No gheh deceev; if I-man doun veil I-man' look,
I-man toun de troubl au I-man' expressian
Juss pon I-man self. Vex I-man dae
Lately wid feelen I-man keya resolv,
Decisian ongl I-man self kood mek,
Waw ghih som soil pahaps to I-man' behaivia;
Bot dho mek I-man' good i-drin-dem gheh greef fi dis--
Mong waw numba, Cassius, de-I dae uon --
Nau justifie heny foda I-man' negleck
Dan dhat poh Brutus in wau wid imself
Fighet de show au lov to hodha jred.

CASSIUS. Den, Brutus, I-man doun misread de-I' feelen a lot,
An becoz au dhat dis bress au I-man' own di bury
Tawt au graet value, wottwhiel i-ditatian.
Tell I, good Brutus, de-I kood sightup de-I' fais?

BRUTUS. Na, Cassius, faw de yiey dho sightup ihself
Bot by reflecksian, by som hodha ting.

CASSIUS. Aa chue dhat,
An a real lot ih gheh lament, Brutus,
Dhat de-I no av no such mirra as gho toun
De-I' ied-away wottyness back ina de-I' yiey
Dhat de-I might sightup de-I' shadow. I-man doun eay
Wae eeyp au de bess respeck ina Roem,
Excep i-mottal Ceazaa, aa tauk dem aa tauk bowt Brutus

> An aa groan dem aa groan unda dis aej' yoek,
> Di wish dhat upful Brutus di av im yiey.

BRUTUS. Ina waw dainja de-I waan lead I, Cassius,
> Dhat de-I waan I look ina I-man self
> Fi dhat waw no dae ina I?

CASSIUS. Fi dis, good Brutus, gheh prepae fe eay,
> An sinss de-I know de-I keya sightup de-I self
> So well as by reflecksian, I-man de-I' glass,
> In a chuetful way, aa gho mek de-I self know
> Dhat bowt de-I self waw de-I still no know bowt.
> An dho dae suspicious au I, gencl Brutus;
> If I-man di dae a comman joeka, aw di ues
> Fe stayl wid hoddinary oett I-man' lov
> To hevry uon dhat aa call, if de-I know
> Dhat I-man fawn pon jred an ugg dem aad
> An afta skiandal dem, aw if de-I know
> Dhat I-man chat up I-man self wen I-man aa banquet
> To all de rout, den ohhl I dainjarous.
> [Chumpet music an shout.]

BRUTUS. Waw dis shouten mean? I-man fraid de peopl
> Aa chooz Ceazaa fi dem' negus.

CASSIUS. Yes-I, de-I fraid it?
> Den I-man av fe tinck de-I no want it so.

BRUTUS. I-man no want ih, Cassius, yet I-man lov im well.
> Bot fi waw de-I aa ohhl I ya so long?
> Aa waw ih dae dhat de-I waan fe impaat to I?
> If it dae henyting towaud de comman good,
> poot honna ina uon yiey an dedt ina de hodha
> An I-man aa gho look pon boht indiffrent.
> Faw mek de jaja-dem so elp I as I-man lov
> De naim au honna mo dan I-man fraid dedt.

CASSIUS. I-man know dhat votue fe dae ina de-I, Brutus,
As well as I-man know de-I' outwaud fava.
Well, honna aa de subjeck au I-man' story.
I-man keya tell waw de-I an hodha jred
Aa tinck bowt dis lief, bot, fi I-man' singl self,
I-man di radha naw liv fe dae
In augh au such a ting as I-man self.
I-man di bhon free as Ceazaa, so de-I di bhon;
I-n-I boht doun nyam as well, an I-n-I boht kood
Enduo de winta' cohl as well as im.
Fi uons, pon a raw an gusty day,
De raejen Tieba aa chaef she aa chaef wid aah' shoh-dem,
Ceazaa say to I, "De-I daer, Cassius, now
Jump in wid I ina dis hangry flood
An swim to yonda point?" Pon de wudd,
Deck out as I-man di dae, I-man plounj in
An tell im folla. So fi real im di dweet.
De torrent roah, an I-n-I di buffet it
Wid nuff strong mussl, aa choh I-n-I aa choh it asied
An aa jam I-n-I aa jam it wid ahht full au fighten spirit.
Bot befo I-n-I kood reach de point propoez,
Ceazaa im bawl, "Elp I, Cassius, aw I-man sink!
I, as Aeneas I-n-I' graet ancesta
From de flaim-dem au Troy pon im' sholda
Di beah de ohl Anchises, so from de waiv-dem au Tieba
I-man di doo de tiead Ceazaa. An dis jred
Aa now coum out a jaja, an Cassius im
A wretched creatia an av fe benn im' body

If Ceazaa juss nod pon im kiayless.
Im di av a feva wen im di dae aa Spain,
An wen de fit di dae pon im I-man di maak
Ow im di shaik. Aa chue, dis jaja di shaik;
Im' cowaud lip-dem di flie from dem' coula,
An dhat saim yiey oo' benn aa augh de i-raytian
Di looz ih' lusta. I-man di eay im groan.
Yes-I, an dhat tung au im' own dha tell de Roeman-dem
Maak im an wriet im' wudd-soung ina dem' book,
Oyoy, it bawl, "Ghih I som drink, Titinius,"
As a sick gheol. Oonu jaja! It amaez I
A jred au such a feebl mieyn fe
So ghet de staat au de majestic i-raytian
An beah de pahm aloen. [Shout. Chumpet music.]

BRUTUS. Anodha genaral shout!
I-man av fe beleev dhat dem-ya applauz dae
Fi som new honna dhat gheh eeyp pon Ceazaa.

CASSIUS. Wie, jred, im aa straddl de narrow i-raytian
Liek a huej statchu, an I-n-I licl jred
Wauk unda im' huej leg-dem an peep roung
Fe fieyn I-n-I self dishonnarabl graiv.
Jred at som tiem dae masta au dem' faet:
De fault, deah Brutus, no dae ina I-n-I' staa-dem,
Bot ina I-n-I self dhat I-n-I aa undaling.
Brutus an Ceazaa: waw fe dae ina dhat "Ceazaa"?
Wie dhat naim fe gheh soung mo dan fe de-I' own?
Wriet dem toghiada, de-I' own dae as faih a naim;
Soung dem out, it aa fit de moutt as well;
Weigh dem, it dae as aevy; kias spell wid dem,
"Brutus" aa gho staat a spirit as soon as "Ceazaa."

Now, ina de naim au all de jaja-dem at uons,
Pon waw meat dis I-n-I' Ceazaa aa nyam
Dhat im aa grow so graet? Aej, de-I gheh shaim!
Roem, de-I doun looz de breed au upful blood-dem!
Wen a aej di go by sinss de graet flood
Bot it di faim wid mo dan wid uon jred?
Wen dem kood say till now dha tauk bowt Roem
Dhat aah' wied wall-dem contain juss uon jred?
Now it dae Roem fi real, an room nuff,
Wen it av ina it juss uon jred aloen.
O, de-I an I-man doun eay I-n-I' poopa-dem say
Ih di av a Brutus uons dha whooda chruss
De i-tonal devil fe mek im' oem ina Roem
Befo im chruss a negus.

BRUTUS. Dhat de-I lov I, I-man no dae suspicious at all;
Waw de-I waan fe wuck I to, I-man av som aim.
Ow I-man doun tinck bowt dis an bowt dem-ya tiems,
I-man aa gho tell de-I afta ya; fi dis presant,
I-man no waan dweet, so wid lov I-man av fe beg de-I,
No gheh moov no foda. Waw de-I doun say
I-man aa gho consida; waw de-I av fe say
I-man aa gho eay wid patians, an fieyn a tiem
Boht right fe eay an ansa such iegh ting.
Till den, I-man' upful i-drin, chew pon dis:
Brutus di radha im a small-toung jred
Dan fe tauk bowt imself as a son au Roem
Unda dem-ya aad conditian as dis tiem
Dae liek fe poot pon i-a.

CASSIUS. I-man dae glad dhat I-man' weak wudd-dem
Doun striek juss dis much show au fiea from Brutus.

{Re-enta Ceazaa an im' Train.}

BRUTUS. De gaim-dem now doun, an Ceazaa aa coum back.
CASSIUS. As dem pass by, pluck Kiasca by de sleev,
   An im, afta im' soua fashian, aa gho tell de-I
   Waw doun kiarry on aa wott noet today.
BRUTUS. I-man aa gho dweet. Bot, look de-I self, Cassius,
   De hangry spot aa glow pon Ceazaa' brow,
   An all de ress aa look liek a shaimfais train:
   Calponia' cheek dae pael, an Cicero
   Aa look wid such mongooz an such fieary yiey
   As I-n-I doun sight im up ina de Kiapitol,
   Aa ghet im aa ghet cross in confrans by som senita.
CASSIUS. Kiasca aa gho tell i-a aa waw de matta.
CEAZAA. Hantonio!
HANTONY. Ceazaa?
CEAZAA. Mek I av jred roung I dhat aa fat,
   Coam-haih jred, an such as sleep ina de night:
   Dhat-dae Cassius av a drie an ungry look;
   Im aa tinck too much; such jred dae dainjarous.
HANTONY. Dho fraid im, Ceazaa; im no dainjarous;
   Im a upful Roeman an aa mean well.
CEAZAA. Wish im di dae mo fat! Bot I-man no fraid im,
   Yet if I-man' naim di aebl to fraid,
   I-man dho know de jred I-man fe ied from
   So soon as dhat magga Cassius. Im read a lot,
   Im a graet i-sova, an im look
   Straight choo de actian au jred. Im no lov no play,
   As de-I aa lov, Hantony; im no eay no music;
   Aadly im smiel, an im smiel in such a way

As if im mock imself an sconn im' spirit
Dhat kood gheh moov fe smiel at henyting.
Such jred as im naeva dae at ahht' eez
Whiel dem sight up a graeta dan demself,
An fi dis dem aa real dainjarous.
I-man radha tell de-I wawt av fe gheh fraid
Dan waw I-man fraid, fi always I-man aa Ceazaa.
Coum pon I-man' right aan, fi dis aez deaf,
An tell I in chuet waw de-I aa tinck bowt im.
[Chumpet. Exit all: Ceazaa an all im' Train excep Kiasca.]
KIASCA. De-I pull I by de cloak; de-I waan speak wid I?
BRUTUS. Yes-I, Kiasca, tell i-a waw doun appn today
Dhat Ceazaa aa look so sad.
KIASCA. Wie, de-I di dae wid im, de-I diin dae?
BRUTUS. I-man no fe aks Kiasca den waw di appn.
KIASCA. Wie, ih di av a croung offa im, an aa ghet it aa
ghet offa im, im poot it by wid de back au im' aan,
jusso, an den de peopl staat up aa shout dem aa shout.
BRUTUS. Waw de seccan noiz di dae faw?
KIASCA. Wie, fi dhat too.
CASSIUS. Dem shout chree tiem. Waw de lahs uon di dae faw?
KIASCA. Wie, fi dhat too.
BRUTUS. De croung di gheh offa im chree tiem?
KIASCA. Yes-I, jred, ih di gheh, an im poot it back chree
tiem, hevry tiem mo gencl dan de hodha, an at hevry
pooten back I-man' honnis neighba-dem shout.
CASSIUS. Oo offa im de croung?
KIASCA. Wie, Hantony.
BRUTUS. Tell i-a de manna au it, gencl Kiasca.

KIASCA. I-man kood as well gheh ang as tell de manna au it. It di dae meah foolishness; I-man diin maak it. I-man sightup Maak Hantony offa im a croung (yet ih diin dae a croung nieda, ih di dae uon au dem-ya coronet) an, as I-man tell de-I, im poot it back uons. Bot fi all dhat, to I-man' tincken, im so di waan av it. Den im offa it aa im again; den im poot it back again. Bot, to I-man' tincken, im di ait real bad fe lay im' finga-dem off it. An den im offa it de tod tiem; im poot it de tod tiem back; an still as im refuez it, de rabl-dem hoot an clap dem' scaily aan an choh up dem' sweaty nightkiap an let out such a deal au stinken brett becoz Ceazaa refuez de croung dhat it di almoes choek Ceazaa, fi im faint an fall doung wid it. An fi I-man' own-aa paat, I-man dho daer laugh, aa fraid I-man fraid fi opn I-man' lip-dem an receev de bad aih.

CASSIUS. Bot, soff, I-man beg de-I, waw, Ceazaa di faint?

KIASCA. Im fall doung ina de maaketplais an foam from im' moutt an di dae widout wudd-soung.

BRUTUS. Aa im fe real. Im av de fallen sickness.

CASSIUS. Na, Ceazaa no av ih, bot de-I, an I,
An honnis Kiasca, I-n-I av de fallen sickness.

KIASCA. I-man no know waw de-I mean by dhat, bot I-man aa shuo Ceazaa fall doung. If de tagrag peopl-dem no di clap im an iss im accodden as im pleez an displeez dem, as dem ues fe doo de playa-dem ina de teayta, I-man aa no chue jred.

BRUTUS. Waw im say wen im coum to imself?

KIASCA. Jred, befo im fall doung, wen im checkout ow de comman hud di glad im refuez de croung, im pluck

opn fi I im' jacket an offa dem im' choat fe cut. An if
ih di dae a jred au heny hodha kieyn, an whooda taik
im at a wudd, I-man sweah I-man d'aa go aa ell mong
de roeg-dem. An so im fall. Wen im coum to imself
again, im say, if im di doo aw say henyting no right,
im beg dem' daalen-dem real bad fe tinck it di dae im'
weakness-dem. Chree aw foh wench wae I-man
stannup bawl out, "Oyoy, good soul!" an fighiv im
wid all dem' ahht. Bot it no av no eeyd fe gheh taik
au dem; if Ceazaa di stab dem' mooma-dem, dem
whoonda doo no less.

BRUTUS. An afta dhat im coum away jusso sad?
KIASCA. Yes-I.
CASSIUS. Cicero di say henyting?
KIASCA. Yes-I, im speak Greek.
CASSIUS. To waw effeck?
KIASCA. Na, an I-man tell de-I dhat, I-man'o naeva look de-
I ina de fais again; bot dem-dae dha ovastan im smiel
at uon anodha an shaik dem' edd; bot fi I-man' own-
aa paat, it di dae Greek to I. I-man kood tell de-I mo
news too: Marullus an Flavius, fi pull dem aa pull
skiaaf off au Ceazaa' himaej-dem, gheh poot to
sielans. Fae de-I well. Ih di av mo foolishness yet, if
I-man kood rememba it.
CASSIUS. De-I aa gho sup wid I tonight, Kiasca?
KIASCA. Na, I-man promis aready.
CASSIUS. De-I aa gho dien wid I tomorrow?
KIASCA. Yes-I, if I-man dae aliev, an de-I' mieyn ohll, an
de-I' dinna wott de eaten.
CASSIUS. Good, I-man aa gho expeck de-I.
KIASCA. Dweet, faewell, boht au de-I. [Exit.]

BRUTUS. Wawt a blunt fella im dae now im grow up!
    Im di quick somting wen im di go aa skool.
CASSIUS. So im now dae wen im aa kiarry out
    Heny bohl aw upful hentapriez,
    Hevrytiem im poot on dis breezy fom.
    Dis ruedness juss a sauss fi im' good wit,
    Waw ghih jred stomach fe digess im' wudd
    Wid betta happetiet.
BRUTUS. An so it dae. Faw dis tiem I-man aa gho leey de-I.
    Tomorrow, if de-I pleez fe speak wid I,
    I-man aa gho coum oem aa de-I, aw, if de-I aa gho
      dweet,
    Coum oem aa I an I-man aa gho wait fi de-I.
CASSIUS. I-man aa gho doo dhat. Till den, tinck bowt de i-
    raytian.
    [Exit Brutus].
    Well, Brutus, de-I dae upful; yet, I-man sightup
    De-I' honnarabl couraej kood gheh toun
    From waw ih inclien to; fi dis, it dae right
    Dhat upful mieyn keep i-va wid dem' liek;
    Faw oo so foum dha keya gheh sedues?
    Ceazaa beah I aad, bot im lov Brutus.
    If I-man di dae Brutus now an im di dae Cassius,
    Im no fe play wid I. I, dis night,
    In diffrent aan-style, ina fe im' wiinda aa gho choh,
    As if dem coum from diffrent citizn,
    Wrieten, all aa tenn dem aa tenn to de graet opinian
    Dha Roem aa ohhl au im' naim, ina waw obscuo
    Ceazaa' ambitian aa gho gheh glans at.

An afta dis mek Ceazaa satta shuo;
Fi I-n-I aa gho shaik im, aw mo-woss days fe enduo.
[Exit.]

SCEEN III.
A street. Tunda an lightnin.

Henta, from opposit sied, Kiasca, wid im' soad draw out, an
    Cicero.

CICERO. Good eevnen, Kiasca. De-I bring Ceazaa oem?
    Wie de-I dae brettless, an wie de-I aa staer so?
KIASCA. De-I no gheh moov, wen all de sway au utt
    Aa shaik liek a ting unfoum? O Cicero,
    I-man doun sightup big stom wen de scohlen wiin
    Di split de knotty oak-dem, an I-man doun sightup
    De ambitious ocean swell an raej an foam
    Fe gheh exalt wid de chretnen cloud-dem,
    Bot naeva till tonight, naeva till now,
    I-man di go choo a big stom aa drop it aa drop fiea.
    Iedha it av a civil strief ina aevn,
    Aw els de i-raytian too rued wid de jaja-dem
    Aa incens dem fe senn doungstructian.
CICERO. Wie, de-I d'see henyting mo full au wonda?
KIASCA. A comman slaiv -- de-I know im well by sight --
    Ohhl up im' leff aan, waw di flaim an boun
    Liek twenty toech join, an still im' aan
    Naw sensabl au fiea remain unscotch.

Besieds -- I-man no sinss poot-way I-man' soad--
Againts de Kiapitol I-man meet a lieon,
Oo glae pon I an di go by aad-fais
Widout im annoy I. An it di av draw up
Pon a eeyp a undred frightnen sistrin
Toun so wid dem' feah, oo sweah dem sightup
Jred all in fiea wauk up an doung de street-dem.
An yestaday de budh au night di satta
Eevn in noonday pon de maaketplais,
Aa howl an aa shreek. Wen dem-ya waunen sign
Dem meet so toghiada, no mek jred say
"Dem-ya aa dem' reason; dem aa natral":
Faw I-man beleev dem dae sign au bad ting
Unto de climaet dhat dem point pon.

CICERO. Fi real, it dae a straenj toun in tiem.
Bot jred kood justifie ting afta dem' fashian,
Clean from de puppous au de ting demself.
Ceazaa aa coum aa de Kiapitol tomorrow?

KIASCA. Im aa coum, fi im di tell Hantonio
Senn wudd aa de-I im aa gho dae dae tomorrow.

CICERO. Good den, Kiasca. Dis distub skie
Aa no fe wauk ina.

KIASCA. Faewell, Cicero. [Exit Cicero.]

{Henta Cassius.}

CASSIUS. Aa oo dae?
KIASCA. A Roeman.
CASSIUS. Kiasca, by de-I' vois.
KIASCA. De-I' aez dae good. Cassius, waw night aa dis!
CASSIUS. A real pleezen night fe honnis jred.

KIASCA. Oo i-va di know de aevn-dem menais so?
CASSIUS. Dem-dae dhat doun know de utt so full au fault.
  Fi I-man' paat, I-man doun wauk choo de street-dem,
  aa submit I-man aa submit I-man self to de perilous
    night,
  An jusso opn, Kiasca, as de-I sightup,
  Doun bae I-man' bosom to de tundastoen;
  An wen de cross blue lightnin seem fe opn
  De bress au aevn, I-man di presant I-man self
  Eevn ina de aim an flash ihself au it.
KIASCA. Bot fi waw de-I di so much temp de aevn-dem?
  It aa de roel fi jred fe fraid an trembl
  Wen to shock i-a de moes mighty jaja-dem
  Senn a glimps au such dreadful ting fe coum.
CASSIUS. De-I aa dull, kiasca, an dem-dae spaak au lief
  Dhat fe dae in a Roeman de-I need,
  Aw els de-I no ues. De-I look pael an gaiz
  An poot on feah an kias de-I self in wonda
  Fe sightup de straenj impatians au de aevn-dem.
  Bot if de-I aa gho den consida de chue coz
  Wie all dem-ya fiea, wie all dem-ya glieden ghohs,
  Wie budh an beess toun from dem tiep an kieyn,
  Wie ohl jred, fool, an licl-progeny aa prophesie,
  Wie all dem-ya ting chaenj from dem' oddain way,
  Dem' natia, an prefom faculty
  To quality au monsta, wie, de-I aa gho fieyn
  Dhat aevn doun infuez dem wid dem-ya spirit
  Fe mek dem hinstrument au feah an waunen
  To som monsta stait.
  Now, Kiasca, I-man kood naim to de-I a jred
  Juss liek dis dreadful night,

AC I, SCEEN III   Julias Ceazaa   131

      Dhat aa tunda, aa striek lightnin, aa opn graiv, an aa
        roah
      As de lieon aa doo ina de Kiapitol,
      A jred no mightya dan de-I self aw I
      In posonal actian, yet grow up outa control
      An frightnen, as dem-ya straenj eruptian dae.
KIASCA. Aa Ceazaa dhat de-I mean, aa no it, Cassius?
CASSIUS. Mek it dae oo it dae, fi Roeman now
      Av strenk au lihm liek to dem' ancesta.
      Bot, woe de whiel! I-n-I' poopa-dem' mieyn dae ded,
      An I-n-I gheh govan wid I-n-I' mooma' spirit;
      I-n-I' yoek an suffaren show I-n-I self liek sistrin.
KIASCA. Fi real dem say de senita-dem tomorrow
      Mean fe establish Ceazaa as a negus,
      An im aa gho weah im' croung by sea an lan
      In hevry plais bot ya ina Hitaly.
CASSIUS. I-man know wae I-man aa gho weah dis dagga
        den:
      Cassius from bonndaej aa gho deliva Cassius.
      Ina dhat, oonu jaja, oonu mek de weak moes strong;
      Ina dhat, oonu jaja, tyrant oonu defeat.
      Nau stoen-buil towa, nau wall mek out au brass,
      Nau aihless dungeon, nau strong link au iean
      Kood dae a barria to de strenk au spirit;
      Bot lief, aa weary it weary au dem-ya material baa,
      Naeva aa lack powa fe free up ihself.
      If I-man know dis, know all de i-raytian besieds,
      Dhat paat au tyranny dhat I-man aa beah
      I-man kood shaik off at plessia. {Tunda still.}
KIASCA. So I-man kood.
      So hevry slaivbwoy ina im' own-aa aan aa beah

De powa fe kiancel im' kiaptivity.
CASSIUS. An wie Ceazaa fe dae a tyrant den?
Poh jred! I-man know im no waan dae a wolf
Bot dhat im checkout de Roman-dem aa juss sheep.
Im diin dae no lieon, if Roeman diin dae deay.
Dem-dae dha wid aiss aa gho mek a mighty fiea
Staat it out wid weak straw. Waw trash Roem dae,
Waw rubbish, an waw ghiaabaej, wen it aa sov
Fi de bais matta fe illuminaet
So viel a ting as Ceazaa? Bot, O greef,
Wae de-I doun lead I? I-man pahaps speak dis
In front a appy slaivbwoy; den I-man know
I-man' ansa av fe gheh mek. Bot I-man dae aam,
An dainja to I dae indiffrent.
KIASCA. De-I aa speak to Kiasca, an to such a jred
Dhat aa no fleeren tell-tael. Ohhl, I-man' aan.
Dae uon mieyn fi aa poot right all au dem-ya greef,
An I-man aa gho poot dis foot au I-man' own as faa
As oo aa go faadis.
CASSIUS. Dhat a baagain wae mek.
Now know, Kiasca, I-man doun moov aready
Som sotain au de moes upful-mieyn Roeman
Fe undago wid I a hentapriez
Au honnarabl-dainjarous consequens;
An I-man know by dis, dem aa wait fi I
Ina Pompey' Poch. Fi now, dis frightnen night,
It av no stur aw wauken ina de street,
An de complexian au de waedha
In fava dae liek de wuck I-n-I av in aan,
So bloody, fieary, an so terrabl.

AC I, SCEEN III

{Henta Cinna.}

KIASCA. Stan cloes a whiel, fi ya aa coum uon ina aiss.
CASSIUS. Aa Cinna, I-man juss know im by im' wauk;
    Im a i-drin. Cinna, wae de-I aa aiss so?
CINNA. Fe fieyn de-I out. Aa oo dhat? Metellus Cimba?
CASSIUS. Na, aa Kiasca, uon incopporaet
    To I-n-I' attemp. I-man no gheh wait faw, Cinna?
CINNA. I-man dae glad au it. Wawt a frightnen night aa dis!
    It av two aw chree au i-a doun sightup straenj ting.
CASSIUS. I-man no gheh wait faw? Tell I.
CINNA. Seen, de-I gheh.
    O Cassius, if de-I kood
    Juss win de upful Brutus to I-n-I' paaty--
CASSIUS. Dae content. Good Cinna, taik dis paipa,
    An look de-I lay it up ina de iegh-judj' chaih,
    Wae Brutus kood juss fieyn it; an choh dis
    Ina im' wiinda; poot dis up wid wax
    Pon ohl-man Brutus' statchu. All dis doun,
    Coum back aa Pompey' Poch, wae de-I aa gho fieyn i-
    a.
    Decius Brutus an Trebonius dae dae?
CINNA. All bot Metellus Cimba, an im gon
    Fe look de-I aa de-I' ouss. Well, I-man aa gho urry
    An so sov out dem-ya paipa as de-I tell I.
CASSIUS. Dhat doun, coum back aa Pompey' Teayta.
    [Exit Cinna.]
    Coum, Kiasca, de-I an I-man aa gho yet befo day
    Checkout Brutus aa im' ouss. Chree paat au im
    Aa I-n-I' own aready, an de jred entiea
    Pon de nex encounta aa yeel imself I-n-I' own.

KIASCA. O, im aa satta iegh ina all de peopl' ahht,
    An dhat waw gho look liek wrong ting ina i-a,
    Im' expressian, liek strong strong chemistry,
    Aa gho chaenj to votue an to wottwhiel ting.
CASSIUS. Im an im' wott an I-n-I' graet need au im
    De-I right well doun tinck bowt. Mek I-n-I go,
    Fi it dae afta midnight, an befo day
    I-n-I aa gho waik im up an dae shuo au im. [Exit all.]

AC II,. SCEEN I.
Unda Brutus' fruit-tree-dem.

Henta Brutus.

BRUTUS. Wawt, Lucius, wo!
     I-man keya, by de progress au de staa-dem,
     Ghih guess ow neah to day. Lucius, I-man say!
     I-man wish it di dae I-man' fault fe sleep so soung.
     Wen, Lucius, wen? Waik up, I-man say! Waw,
       Lucius!

{Henta Lucius.}

LUCIUS. De-I call, I-man' boss?
BRUTUS. Gheh I a kiandl ina I-man' offis, Lucius.
     Wen it aa light up, coum an call I ya.
LUCIUS. I-man aa gho dweet, I-man' boss. [Exit.]
BRUTUS. It av fe dae by im' dedt, yet, fi I-man' paat,
     I-man no know no posonal coz fe toun gaints im,
     Bot fi de comman good. Im waan gheh croung:
     Ow dhat might chaenj im' natia, dhat aa de questian.
     Aa de bright day waw bring owt de viepa
     An call fe kiayful wauken. Croung im now,
     An den, I-man bet, I-n-I poot a sting ina im

Dhat at im' will im kood doo dainja wid.
De abues au graetness aa wen it aa taik-way
Pity from powa, bot, fe speak chuet bowt Ceazaa,
I-man naeva know wen im' emotian gheh sway
Mo dan im' reason. Bot a comman proof ih dae
Dhat low doung ting aa young ambitian' ladda,
Tu waw de upwaud-clieyma toun im' fais;
Bot wen im uons ghet to de upmoes roung,
Im den towaud de ladda toun im' back,
Aa look im aa look ina de cloud-dem, aa sconn im aa
   sconn de bais degree-dem
By waw im di go up. So Ceazaa might;
Den, lehs im might, prevent. An, sinss de quarrel
Naa gho beah no fruit out au de ting im dae,
Fashian it jusso: dhat waw im dae, coum mo,
Gho den run to dem-ya an dem-ya extreem ting;
An, fi dis, tinck im as a sopant' hegg
Waw atch gho den as ih' kieyn grow mischeevous,
So kill im den ina de shell.

{Re-enta Lucius.}

LUCIUS. De kiandl aa boun ina de-I' wuckroom, Ras.
        Aa sutch I-man aa sutch de wiinda fi a flint I-man
           fieyn
        Dis paipa seal up jusso, an I-man dae shuo
        It diin laydoung dae wen I-man di go aa bed.
{Aa ghih im de letta.}
BRUTUS. Ghet de-I self aa bed again, aa no day.
        Tomorra no dae, bwoy, de ieds au Maach?
LUCIUS. I-man no know, Ras.

BRUTUS. Look ina de kialendaa an bring I wudd.
LUCIUS. I-man aa gho dweet, Ras. [Exit.]
BRUTUS. De fallen-staa-dem aa whiz dem aa whiz ina de aih
    Ghih so much light dhat I-man kood read by dem.
              [Aa opn de letta an read.]

      "Brutus, de-I aa sleep: waik up an checkout de-I self!
      Roem, etc., aa gho... Speak, striek, poot right!"
      "Brutus, de-I aa sleep: waik up!"

Such instigatian offn di gheh drop
Wae I-man di taik dem up.
"Roem, etc., aa gho..." Jusso I-man av fe peess it out.
Roem aa gho stan unda uon jred' augh? Waw, Roem?
I-man' ancesta-dem from de street au Roem di
Driev-way de Taaquin, wen im di gheh call a negus.
"Speak, striek, poot right!" I-man gheh beg
Fe speak an striek? O Roem, I-man mek de-I promis,
If de right ting aa gho folla, de-I aa receev
De-I' full petitian at de aan au Brutus!

{Re-enta Lucius.}

LUCIUS. Ras, Maach doun gon fifteen days.
    [Aa knock it aa knock insied.]
BRUTUS. Aa good. Go aa de gaet, sombody aa knock.
    [Exit Lucius.]
    Sinss Cassius fhus di whet I gaints Ceazaa
    I-man no sleep.

Between de dooen au a dreadful ting
An de fhus motian, all de in between dae
Liek a phantom sceen aw a nightmae dream;
De deep soul an de mottal body an mieyn
Den dae in sessian, an de stait au jred,
Liek to a licl shashamane, aa suffa den
De natia au a revolutian.

{Re-enta Lucius.}

LUCIUS. Ras, aa de-I' bredha Cassius aa de doh,
    Oo aa beg real bad fe sightup de-I.
BRUTUS. Im dae aloen?
LUCIUS. Na, Ras, it av mo wid im.
BRUTUS. De-I know dem?
LUCIUS. Na, Ras, dem' att dae pull roung dem' aez,
    An ahhf dem' fais bury ina dem' cloak,
    Dhat by no means I-man kood mek out aa oo
    By heny maak dem av.
BRUTUS. Mek dem henta. [Exit Lucius.]
    Dem aa de factian. O Conspirasy,
    Aa shaim de-I shaim fe show de-I' dainjarous brow by
      night,
    Wen heevl ting dae moes free? O, den, by day
    Wae de-I aa gho fieyn a kiavon nuff daak
    Fe cova up de-I' monsta-fais? No look non,
      Conspirasy;
    Ied it in smiel an i-drin-lov to all;
    Faw if de-I galang, aa look liek de-I look,
    Naw de jaja au night ihself di dae nuff dim
    Fe ied de-I from preventian.

AC II, SCEEN I   Julias Ceazaa

{Henta de conspirata-dem, Cassius, Kiasca, Decius, Cinna,
    Metellus Cimba, an Trebonius.}

CASSIUS. I-man tinck I-n-I dae too bohl pon de-I' ress.
    Good monnen, Brutus, I-n-I aa troubl de-I?
BRUTUS. I-man doun dae up dis i-ua, awaik all night.
    I-man know dem-ya jred dhat aa coum along wid de-I?
CASSIUS. Seen, hevry jred au dem, an no jred ya
    Bot aa honna de-I, an hevry uon aa wish
    De-I ongl di av dhat opinian au de-I self
    Waw hevry upful Roeman aa beah au de-I.
    Dis aa Trebonius.
BRUTUS. Im welcoum by ya.
CASSIUS. Dis, Decius Brutus.
BRUTUS. Im welcoum too.
CASSIUS. Dis, Kiasca; dis, Cinna; an dis, Metellus Cimba.
BRUTUS. Dem all welcoum.
    Waw watchful kiay aa poot ihself
    Between de-I' yiey-dem an night?
CASSIUS. I-man kood av a wudd? [Dem whispa.]
DECIUS. De eas dae ya. Aa no ya de day braek dae?
KIASCA. Na.
CINNA. O, paadn, Ras, aa chue, an dem grey lien
    Dhat aa cross de cloud-dem aa messenja au day.
KIASCA. De-I aa gho admit dhat oonu boht gheh deceev.
    Ya, as I-man point I-man' soad, de sun aa riez up,
    Wawt aa mek a long way to de soudt,
    Wen de-I consida de ully season au de yeay.
    Som two monts galang up iegha towaud de nodt
    Im fhus aa presant im' fiea, an de iegh eas

Aa stan liek de Kiapitol, right ya so.
BRUTUS. Ghih I oonu' aan all ova, uon by uon.
CASSIUS. An mek I-n-I sweah I-n-I' resolutian.
BRUTUS. Na, naw a oett. If naw de fais au pain,
De suffaren au I-n-I' soul, de tiem' abues --
If dem-ya dae motiv weak, braek off quick,
An hevry jred galang aa im' hiedl bed;
So mek big-yiey tyranny run loos
Till hevry jred drop uon by uon. Bot if dem-ya,
As I-man dae shuo dem aa doo, beah nuff fiea
Fe kindl cowaud an fe poot braivry pon
De melten spirit au sistrin, den, countryman,
Waw I-n-I need heny spuh bot I-n-I' own-aa coz
Fe prick i-a to right ting? Waw hodha bonn
Dan secret Roeman dha doun speak de wudd
An naa gho look back? An waw hodha oett
Dan honnisty to honnisty hengaej
Dhat dis aa gho dae aw I-n-I aa gho fall fi it?
Mek preeys an cowaud an jred full au trick sweah,
Ohl liefless body an such suffaren soul
Dhat aa welcoum wrong; unto bad coz mek sweah
Such peopl waw jred doutt; bot dho stain
De eevn votue au I-n-I' hentapriez,
Nau de hinsuppressiv couraej au I-n-I' spirit,
Fe tinck dhat iedha I-n-I' coz aw I-n-I' pofommans
Di need a oett; wen hevry drop au blood
Dhat hevry Roeman aa beah, an aa beah upful,
Dae guilty au ih own-aa back-stabben
If im braek de smallis paaticl
Au heny promis dha doun pass from im lip.
CASSIUS. Bot waw bowt Cicero? I-n-I aa gho soung im?

I-man tinck im aa gho stannup real strong wid i-a.
KIASCA. Dho mek I-n-I leey im out.
CINNA. Na, by no means.
METELLUS. O, mek I-n-I av im, fi im' silva haih-dem
    Aa gho puchaes i-a a good opinian,
    An buy jred' vois fe tell ow I-n-I' ting-dem aa doo.
    It aa gho gheh say im' judjmant d'ruel I-n-I' aan;
    I-n-I' yoot an wieylness no way aa gho appeah,
    Bot all gheh bury ina im' seriousness.
BRUTUS. O, dho naim im; mek I-n-I no deal wid im,
    Fi im naeva aa gho folla henyting
    Dhat hodha jred staat out.
CASSIUS. Den leey im out.
KIASCA. Fi real im no dae fit.
DECIUS. No jred els aa gho gheh touch bot Ceazaa aloen?
CASSIUS. Decius, good point. I-man aa tinck it no dae good
    Maak Hantony, so well lov by Ceazaa,
    Fe outliv Ceazaa. I-n-I aa gho fieyn im
    A real smaat schema; an de-I know im' means,
    If im add to dem, kood well stretch so faa
    As fe annoy all au i-a, waw to prevent,
    Mek Hantony an Ceazaa fall toghiada.
BRUTUS. I-n-I' coess aa gho seem too bloody, Kieus
    Cassius,
    Fe cut de edd off an den hack de lihm-dem
    Liek wratt ina dedt an envy aftawauds;
    Fi Hantony dae juss a lihm au Ceazaa.
    Mek I-n-I dae sacrifiessa, bot naw butcha, Kieus.
    I-n-I all stannup gaints de spirit au Ceazaa,
    An ina de spirit au jred it no av no blood.
    O, dhat I-n-I den kood coum by Ceazaa' spirit,

An naw dismemba Ceazaa! Bot, oyoy,
Ceazaa av fe bleed fi it! An, gencl i-drin oonu,
Mek I-n-I kill im bohl, bot naw wid wratt;
Mek I-n-I caav im as a dish fit fi de jaja-dem,
Naw chop im as a caacas fit fi dog;
Naw mek I-n-I' ahht, as cunnen masta doo,
Stur up dem' sovant to a ac au raej
An afta seem to blaim dem. Dis aa gho mek
I-n-I' puppous necessary an naw envious,
Waw so aa look it aa look to de comman yiey,
I-n-I aa gho gheh call pouja, naw moudara.
An fi Maak Hantony, dho tinck au im,
Fi im keya doo no mo dan Ceazaa' aan
Wen Ceazaa' edd dae off.

CASSIUS. Still I-man fraid im,
Faw ina de root-doung lov im aa beah fi Ceazaa--

BRUTUS. Oyoy, good Cassius, dho tinck au im.
If im lov Ceazaa, all dhat im kood doo
Aa to imself, taik tawt an ded fi Ceazaa.
An dha di dae a lot im fe doo, fi im ghih imself
To spoats, to wieylness, an eeyp au company.

TREBONIUS. It no av nottn fe fraid ina im -- dho leh im ded,
Fi im aa gho liv an laugh at dis afta ya.
[Clock aa striek.]

BRUTUS. Peeys, count de clock.

CASSIUS. De clock doun striek chree.

TREBONIUS. It aa tiem fe paat.

CASSIUS. Bot it dae douttful still
Wedda Ceazaa aa gho coum owt today aw not,
Fi lately im coum supastitious,

Qwiet from de strong opinian im d'ohhl uons
Bowt fantasy, bowt dream, an bowt predictian.
It kood dae dem-ya apparant waunen sign,
De unaccustam terra au dis night,
An de posuasian au im' obeah-man-dem
Kood ohhl im back from de Kiapitol today.
DECIUS. Naeva fraid dhat. If aa so im resolv,
I-man kood sway im ova, fi im lov fe eay
Dhat uniconn kood gheh betray wid tree,
An beah wid glass, helephant wid hoel,
Lieon wid net, an jred wid flattara;
Bot wen I-man tell im im ait flattara,
Im say aa chue, aa ghet im aa ghet flatta moes den.
Mek I wuck;
Fi I-man kood ghih im' tempa de chue benn,
An I-man aa gho bring im aa de Kiapitol.
CASSIUS. Naa, I-n-I all aa gho dae dae fe fetch im.
BRUTUS. By de eightt i-ua. Dhat aa de uttamoes?
CINNA. Mek dhat de uttamoes, an dho fail den.
METELLUS. Kieus Ligarius aa beah Ceazaa aad,
Oo d'fault im fi im aa speak well au Pompey.
I-man wonda non au de-I di tinck au im.
BRUTUS. Now, good Metellus, galang by im.
Im lov I well, an I-man doun ghih im reason;
Juss senn im on ya, an I-man'o fashian im.
CASSIUS. De monnen aa coum pon i-a. I-n-I 'o leey de-I,
Brutus,
An, i-drin, dispous oonuself, bot all rememba
Waw oonu doun say, an show oonuself chue Roeman.
BRUTUS. Good genclman, look fresh an iery;
No mek I-n-I' look show up I-n-I' puppous,

Bot beah it as I-n-I' Roeman acta-dem dweet,
Wid untiead spirit an nonstop dignity.
An so, good monnen to de-I hevry uon.
                [Exit all bot Brutus.]
Bwoy! Lucius! Fass asleep? Aa no matta.
Enjoy de oeny-aevy djew au slumba;
De-I no av no fansy nau no obsessian,
Waw busy kiay aa draw ina de brain au jred;
Fi dis de-I aa sleep so soung.

{Henta Pohtia.}

POHTIA. Brutus, I-man' boss!
BRUTUS. Pohtia, waw de-I mean? Fi waw de-I aa riez up now?
  It no dae fi de-I' elt jusso fe commit
  De-I' weak conditian to de raw cohl monnen.
POHTIA. Nau fi de-I' own nieda. Brutus, de-I doun ghet
  Up, rough rough, from I-man' bed; an lahsnight aa suppa
  De-I riez up suddn an wauk roung,
  Aa muez de-I aa muez an aa sigh, wid de-I' aan-dem cross;
  An wen I-man aks de-I waw de matta di dae,
  De-I staer pon I wid rough rough look.
  I-man press de-I foda; den de-I scratch de-I' edd,
  An too impatiant stamp wid de-I' foot.
  Still I-man insiss, still de-I no ansa,
  Bot wid a hangry waiv-back au de-I' aan
  Ghih sign fi I fe leey de-I. So I-man di dweet,
  Aa fraid I-man fraid fe strenkn dhat impatians

Waw seem too much enkindl, an wid all
Aa oep I-man aa oep it di dae juss a effeck au tempa,
Waw somtiem av ih' i-ua wid hevry jred.
It naa gho leh de-I eat, nau tauk, nau sleep,
An, if ih kood wuck so much pon de-I' shaip
As it doun prevail pon de-I' conditian,
I-man no fe know de-I, Brutus. Deah I-man' boss,
Gheh I acquaint wid de-I' coz au greef.

BRUTUS. I-man no dae well in elt, an dhat aa all.

POHTIA. Brutus im wiez, an, if im diin dae in elt,
Im whooda hembrais de means fe coum by it.

BRUTUS. Wie, so I-man aa doo. Good Pohtia, go aa bed.

POHTIA. Brutus aa sick, an it aa physical
Fe wauk bae chehs an suck up de moistia
Au de dank monnen? Waw, Brutus aa sick,
An im aa gho steal out au im' oewlsom bed
Fe daer de viel contagian au de night
An temp de damp unelty aih
Fe add mo to im' sickness? Na, I-man' Brutus,
De-I av som sick wrong ting ina de-I' mieyn,
Waw by de right an votue au I-man' plais
I-man fe know bowt; an, pon I-man' knee,
I-man chaam de-I, by I-man' uons tauk bowt beuty,
By all de-I' vow-dem au lov an dhat graet vow
Waw di incopporaet an mek i-a uon,
Dhat de-I unfohl to I, de-I self, de-I' ahhf,
Wie de-I aa aevy an waw jred-dem tonight
Doun av resot to de-I; fi ya di dae
Som six aw sevn, oo di ied dem' fais
Eevn from daakness.

BRUTUS. No kneel, gencl Pohtia.

POHTIA. I-man no fe need, if de-I di dae gencl, Brutus.
    Ina de bonn au marraej, tell I, Brutus,
    It aa de ruel I-man no fe know no secret
    Dhat appotain aa de-I? I-man dae de-I self
    Juss, as if ih di dae, in sott aw limitatian,
    Fe keep wid de-I aa meal, comfot de-I' bed,
    An tauk to de-I somtiems? I-man aa dwell juss ina de subbub-dem
    Au de-I' good plessia? If aa no mo,
    Pohtia aa Brutus' haalat, naw im' queen.
BRUTUS. De-I aa I-man' chue an honnarabl queen,
    As deah to I as de ruddy drop-dem dae
    Dhat aa visit I-man' sad ahht.
POHTIA. If dis di chue, den I-man fe know dis secret.
    I-man grant I-man a sistrin, bot wid all
    A sistrin dhat Boss Brutus taik fe queen.
    I-man grant I-man a sistrin, bot wid all
    A sistrin tauk good bowt, Cato' dawta.
    De-I tinck I-man no dae stronga dan I-man' sex,
    Aa ghet I-man aa ghet poopa so an kingman so?
    Tell I de-I' counsel-dem, I-man naa gho discloez dem.
    I-man doun mek strong proof au I-man' steadyness,
    Aa ghih I-man aa ghih I-man self a voluntary woong
    Ya ina de tigh. I-man kood beah dhat wid patians
    An naw I-man' kingman' secret-dem?
BRUTUS. O oonu jaja,
    Mek I wotty au dis upful queen! [Aa knock it aa knock insied.]
    Lissn, lissn, uon aa knock. Pohtia, go in a whiel,
    An by an by de-I' bosom aa gho shae in
    De secret-dem au I-man' ahht.

AC II, SCEEN I Julias Ceazaa 147

> All I-man' engaejment-dem I-man aa gho justifie to de-I,
> All de lien-dem an stroek au I-man' sad brow.
> Leey I wid aiss. [Exit Pohtia.] Lucius, aa oo dhat aa knock?

{Re-enta Lucius wid Ligarius.}

LUCIUS. A sick jred dae ya dha waan speak wid de-I.
BRUTUS. Kieus Ligarius, dhat Metellus speak bowt.
> Bwoy, stan asied. Kieus Ligarius, ow?
LIGARIUS. Allow a good monnen from a feebl tung.
BRUTUS. O, wawt a tiem de-I doun chooz out, braiv Kieus,
> Fe weah a kocheef! If ongl de-I diin dae sick!
LIGARIUS. I-man no dae sick, if Brutus av in aan
> Heny exploit wotty de naim au honna.
BRUTUS. Such a exploit I-man av in aan, Ligarius,
> If de-I di av a elty aez fe eay bowt ih.
LIGARIUS. By all de jaja-dem dhat Roeman bow in front,
> Ya I-man discaad I-man' sickness! Soul au Roem!
> Braiv son, deriev from honnarabl waislien!
> De-I, liek a exosciss, doun conjuo up
> I-man' mottifie spirit. Now tell I run,
> An I-man aa gho striev wid ting impossabl,
> Yes-I, ghet de betta au dem. Waw fe doo?
BRUTUS. A peess au wuck dhat aa gho mek sick jred oewl.
LIGARIUS. Bot aa no som oewl dhat I-n-I av fe mek sick?
BRUTUS. Dhat I-n-I av fe doo also. Wawt ih dae, I-man' Kieus,
> I-man aa gho unfohl to de-I, as I-n-I aa go,
> To ooh it av fe gheh doo.

LIGARIUS. Set pon de-I' foot,
　　An wid a ahht fiea up new I-man aa folla de-I,
　　Fe doo waw I-man no know; bot it aa nuff
　　Dhat Brutus aa lead I on.
BRUTUS. Folla I den. [Exit all.]

SCEEN II.
Ceazaa' ouss. Tunda an lightnin.

Henta Ceazaa, ina im' nightgung.

CEAZAA. Nau aevn nau utt doun dae at peeys tonight.
　　Chree tiem Calponia ina aah' sleep doun bawl out,
　　"Elp, wo! Dem aa mouda Ceazaa!" Aa oo in dae?

{Henta a Sovant.}

SOVANT. I-man' boss?
CEAZAA. Go tell de preeys-dem fe offa sacrifiess,
　　An bring I dem' opinian au waw coum out.
SOVANT. I-man aa gho dweet, I-man' boss. [Exit.]

{Henta Calponia.}

CALPONIA. Waw de-I mean, Ceazaa? De-I tinck fe wauk
　　owt?
　　De-I naa gho stur out au de-I' ouss today.
CEAZAA. Ceazaa aa gho fawaud: de ting-dem dha tretn I

Naeva look bot pon I-man' back; wen dem aa gho
    sightup
De fais au Ceazaa, dem juss vanish.
CALPONIA. Ceazaa, I-man d'naeva beleev in predictian,
    Yet now dem aa frightn I. It av uon insied,
    Besieds de ting-dem dhat I-n-I doun eay an sightup,
    Aa recount moes horrid ting sightup by de watch.
    A lieoness doun cub ina de street;
    An graiv di yawn, an yeel up dem' ded;
    Feays fieary wauria-dem fight pon de cloud,
    In rank an squadran an real fom au wau,
    Waw drizl blood pon de Kiapitol;
    De noiz au batl huhtl ina de aih,
    Oss di neigh an dieen jred di groan,
    An ghohs di shreek an squeal choo de street-dem.
    O Ceazaa! Dem-ya ting dae beyon all ues,
    An I-man fraid dem.
CEAZAA. Waw kood gheh avoid
    Oo' enn gheh puppous by de mighty jaja-dem?
    Yet Ceazaa aa gho go owt, fi dem-ya predictian
    aa fe de i-raytian in genaral as fe Ceazaa.
CALPONIA. Wen begga-dem ded, it no av no comet gheh
    sightup;
    De aevn demself blaiz owt de dedt au ras.
CEAZAA. Cowaud ded eeyp au tiem befo dem' dedt;
    De braiv jred naeva tais au dedt bot uons.
    Au all de wonda-dem dhat I-man yet doun eay,
    It aa seem to I moes straenj dhat jred fe fraid,
    Aa sight dem aa sightup dhat dedt, a necessary enn,
    Aa gho coum wen it aa gho coum.

{Re-enta Sovant.}

    Waw de sign-reada-dem aa say?
SOVANT. Dem no waan de-I fe stur owt today.
    Aa pluck dem aa pluck owt de guts-dem au a offahen,
    Dem koon fieyn a ahht ina de beess.
CEAZAA. De jaja-dem aa doo dis in shaim fi cowaudis.
    Ceazaa fe dae a beess widout a ahht
    If im fe stay aa oem today fi feah.
    Na, Ceazaa naa gho dweet. Dainja know full well
    Dhat Ceazaa aa mo dainjarous dan im.
    I-n-I aa two lieon gheh bhon in uon day,
    An I-man de elda an mo terrabl.
    An Ceazaa aa gho go owt.
CALPONIA. Oyoy, I-man' boss,
    De-I' conscias-i-ts gheh consuem in confidens.
    Dho go owt today. Call it I-man' feah
    Dhat aa keep de-I ina de ouss an naw de-I' own.
    I-n-I 'o senn Maak Hantony aa de Senaet Ouss,
    An im aa gho say de-I no dae well today.
    Mek I, pon I-man' knee, prevail ina dis.
CEAZAA. Maak Hantony aa gho say I-man no dae well,
    An, fi de-I' mieyn' eez, I-man aa gho stay aa oem.

{Henta Decius.}

    Ya Decius Brutus dae, im aa gho tell dem so.
DECIUS. Ceazaa, all hail! Good monnen, wotty Ceazaa!
    I-man coum fe fetch de-I aa de Senaet Ouss.
CEAZAA. An de-I aa coum in real good tiem
    Fe beah I-man' greeten aa de senita-dem

An tell dem dhat I-man naa gho coum today.
Keya, dae falss, an dhat I-man dho daer, falssa:
I-man naa gho coum today. Tell dem so, Decius.
CALPONIA. Say im aa sick.
CEAZAA. Ceazaa aa gho senn a lie?
In conquess I-man doun stretch I-man' aan so faa
Fe dae fraid fe tell graybeayd-dem de chuet?
Decius, go tell dem Ceazaa naa gho coum.
DECIUS. Moes mighty Ceazaa, mek I know som coz,
Lehs I-man gheh laugh at wen I-man tell dem so.
CEAZAA. De coz dae ina I-man' will: I-man naa gho coum,
Dhat aa nuff fe satisfie de Senaet.
Bot, fi de-I' prievaet satisfactian,
Becoz I-man lov de-I, I-man aa gho leh de-I know.
Calponia, I-man' queen ya, aa keep I aa oem;
She dream lahs night she sightup I-man' statchu,
Waw, liek a foungtain wid a undred spout,
Di run puo blood, an eeyp au nuff strong Roeman
Coum, aa smiel dem aa smiel, an di baidh dem' aan ina
  it.
An dem-ya she applie fi waunen an sign au bad
An heevl ting dhat aa wait fe coum, an pon aah' knee
Doun beg dhat I-man aa gho stay aa oem today.
DECIUS. Dis dream gheh intopret all wrong;
It di dae a visian faih an fottuenaet.
De-I' statchu, aa spout it aa spout blood in a eeyp au
  piep,
Ina waw so much smielen Roeman d'baidh,
Aa signifie dhat from de-I graet Roem aa gho suck
Revieven blood, an dhat graet jred-dem aa gho press
Fi blood-clhot, stain, relic, an memento.

Dis by Calponia' dream gheh signifie.
CEAZAA. An dis way de-I doun explain it good.
DECIUS. Aa chue, wen de-I doun eay waw I-man kood say.
An know it now, de Senaet doun decied
Fe ghih dis day a croung to mighty Ceazaa.
If de-I aa gho senn dem wudd de-I naa gho coum,
Dem might chaenj dem' mieyn. Besieds, it might dae a mock
Waw fe gheh mek, fi som-uon fe say
"Break up de Senaet till anodha tiem,
Wen Ceazaa' queen aa gho meet wid betta dream."
If Ceazaa ied imself, dem naa gho whispa
"Look, Ceazaa im fraid"?
Paadn I, Ceazaa, faw I-man' deep deep lov
Fe de-I' welfae aa mek I tell de-I dis,
An reason aa de sovant au I-man' lov.
CEAZAA. Ow foolish de-I' feah-dem aa seem now, Calponia!
I-man dae ashaim I-man di yeel to dem.
Ghih I I-man' roeb, fi I-man aa gho go.

{Henta Publius, Brutus, Ligarius, Metellus, Kiasca,
Trebonius, an Cinna.}

An look wae Publius now coum fe fetch I.
PUBLIUS. Good monnen, Ceazaa.
CEAZAA. Welcoum, Publius.
Waw, Brutus, aa de-I stur out so ully too?
Good monnen, Kiasca. Kieus Ligarius,
Ceazaa di naeva dae so much de-I' henemy
As dhat saim feva waw doun mek de-I drie.

> Wawt o'clock aa it?

BRUTUS. Ceazaa, it aa striek eight.

CEAZAA. I-man tanck de-I fi de-I' pain an niesness.

{Henta Hantony.}

> Checkout, Hantony, dhat aa paaty long ina de night,
> Dae up naeva-de-less. Good monnen, Hantony.

HANTONY. So to moes upful Ceazaa.

CEAZAA. Tell dem prepae insied.
> I-man av fe gheh blaim fe gheh wait pon so.
> Now, Cinna; now, Metellus; waw, Trebonius,
> I-man av a i-ua' tauk in stoh fi de-I;
> Rememba dhat de-I call pon I today;
> Dae neah I, dhat I-man kood rememba de-I.

TREBONIUS. Ceazaa, I-man aa gho dweet. [Asied.] An so neah I-man aa gho dae
> Dhat de-I' bess i-drin-dem aa gho wish I-man di dae foda.

CEAZAA. Good i-drin oonu, go in an tais som wien wid I,
> An I-n-I liek i-drin aa gho straightway go toghiada.

BRUTUS. [Asied.] Dhat hevry liek aa no de saim, O Ceazaa,
> De ahht au Brutus aa yunn fe tinck pon! [Exit all.]

SCEEN III.
A street neah de Kiapitol.

Henta Aatimidorus, aa read im aa read paipa.

AATIMIDORUS. "Ceazaa, bewae au Brutus; taik eeyd au
       Cassius; no coum neah kiasca; av a yiey fi Cinna;
       dho chruss Trebonius; maak good Metellus Cimba;
       Decius Brutus no lov de-I; de-I doun wrong Kieus
       Ligarius. It av juss uon mieyn ina all dem-ya jred, an
       it aa benn gaints Ceazaa. If de-I no dae i-mottal, look
       roung de-I. Secuority aa ghih-way to conspirasy. De
       mighty jaja-dem defenn de-I!
              De-I comrad, Aatemidorus."

   Ya I-man aa gho stannup till Ceazaa aa pass along,
   An as a jred dhat aa aks faeva I-man aa gho ghih im
       dis.
   I-man' ahht aa lament dhat votue keya liv
   Out au de teet au raejen envy.
   If de-I read dis, O Ceazaa, de-I might liv;
   If de-I dho, de Faet-dem wid traita aa mek scheem.
       [Exit.]

SCEEN IV.

Anodha paat au de saim street, in front de ouss au Brutus.

Henta Pohtia an Lucius.

POHTIA. I-man beg de-I, bwoy, run aa de Senaet Ouss;
 Dho stay fe ansa I, bot ghet de-I self gon.
 Wie de-I aa stay?
LUCIUS. Fe know I-man' erran, madam.
POHTIA. I-man waan de-I dae, an back ya,
 Befo I-man kood tell de-I waw de-I fe doo dae.
 O steadyness, dae strong pon I-man' sied!
 poot a huej mountain between I-man' ahht an tung!
 I-man av a jred' mieyn, bot a sistrin' might.
 Ow aad it dae fi sistrin fe keep secret!
 De-I dae ya still?
LUCIUS. Madam, waw I-man fe doo?
 Run aa de Kiapitol, an nottn els?
 An so coum back aa de-I, an nottn els?
POHTIA. Seen, bring I wudd, bwoy, if de-I' boss look well,
 Faw im di go owt sick; an taik good noet
 Waw Ceazaa doo, waw jred aks faeva from im.
 Lissn, bwoy, waw noiz aa dhat?
LUCIUS. I-man eay non, madam.
POHTIA. Beg de-I, lissn good.
 I-man eay a buslen nois jus liek a mob,
 An de wiin aa bring it from de Kiapitol.
LUCIUS. Chuet, madam, I-man no eay nottn.

{Henta de Fottuen-tella.}

POHTIA. Coum on ya, fella;
   Wich way de-I di dae?
FOTTUEN-TELLA. Aa I-man' own-aa ouss, good lady.
POHTIA. Wawt o'clock aa it?
FOTTUEN-TELLA. Bowt de nient i-ua, lady.
POHTIA. Ceazaa gon aa de Kiapitol yet?
FOTTUEN-TELLA. Madam, naw yet. I-man go fe taik I-man' stan
   Fe sight im up pass on aa de Kiapitol.
POHTIA. De-I av som faeva de-I waan aks Ceazaa, de-I no av?
FOTTUEN-TELLA. Dhat I-man av, lady. If it aa gho pleez Ceazaa
   Fe dae so good to Ceazaa as fe eay I,
   I-man aa gho really beg im fe dae im' own-aa i-drin.
POHTIA. Wie, de-I know heny haam aa intenn towaud im?
FOTTUEN-TELLA. Non dhat I-man know aa gho dae, a lot dhat I-man fraid might go doung.
   Good monnen to de-I. Ya de street dae narrow,
   De crowd dhat aa folla Ceazaa at de heel,
   Wid senita, wid iegh-judj, comman jred wid faeva dem waan aks,
   Aa gho crowd a feebl jred almoes to dedt.
   I-man'o ghet I-man self to a plais mo wied an dae
   Speak to graet Ceazaa as im aa coum along. [Exit.]
POHTIA. I-man av fe go in. O I, ow weak a ting
   De ahht au sistrin dae! O Brutus,
   De aevn-dem elp de-I ina de-I' hentapriez!
   Shuo, de bwoy d'eay I. Brutus av a faeva im waan aks
   Dhat Ceazaa naa gho grant. O, I-man aa grow faint.

Run, Lucius, an tell ow I-man aa doo to I-man' boss;
Say I-man dae iery. Coum aa I again,
An bring I wudd waw im say to de-I.
        [Exit all au dem.]

AC III,. SCEEN I.
Roem. In front de Kiapitol; de Senaet aa satta ontop.

A crowd au peopl, mong dem Aatimidorus an de Fottuen-tella.
Chumpet music. Henta Ceazaa, Brutus, Cassius, Kiasca, Decius, Metellus, Trebonius, Cinna, Hantony, Lepidus, Popilius, Publius, an hodhas.

CEAZAA. De ieds au Maach now coum.
FOTTUEN-TELLA. Yes-I, Ceazaa, bot naw gon.
AATIMIDORUS. Hail, Ceazaa! read dis letta.
DECIUS. Trebonius aa beg de-I real bad fe read ova,
   At de-I' bess leisia, dis im' umbl faeva im waan aks.
AATIMIDORUS. O Ceazaa, read I-man' own fhus, fi I-man' own dae a faeva
   Dhat aa touch Ceazaa neahra. Read it, graet Ceazaa.
CEAZAA. Wawt aa touch i-a I-n-I self aa gho gheh sov lahs.
AATIMIDORUS. Dho delay, Ceazaa; read it dis instant.
CEAZAA. Waw, de fella im mad?
PUBLIUS. Yootman, ghih room.
CASSIUS. Waw, oonu aa press oonu' petitian-dem ina de street?
   Coum aa de Kiapitol.

{Ceazaa aa go up aa de Senaet Ouss, de ress folla.}

POPILIUS. I-man wish de-I' hentapriez today kood triev.
CASSIUS. Waw hentapriez, Popilius?
POPILIUS. Fae de-I well.
    [Aa advans to Ceazaa.]
BRUTUS. Waw Popilius Lena d'say?
CASSIUS. Im wish today I-n-I' hentapriez might triev.
    I-man fraid I-n-I' puppous gheh discova.
BRUTUS. Look, ow im aa mek fe Ceazaa. Maak im.
CASSIUS. Kiasca,
    Gheh ready, faw I-n-I fraid preventian.
    Brutus, wawt aa gho gheh doo? If dis gheh know,
    Cassius aw Ceazaa naeva aa gho toun back,
    Faw I-man aa gho kill I-man self.
BRUTUS. Cassius, dae steady.
    Popilius Lena aa no speak au I-n-I' puppous;
    Fi, look, im aa smiel, an Ceazaa no chaenj.
CASSIUS. Trebonius know im' tiem, fi, look de-I self,
    Brutus,
    Im aa draw Maak Hantony out au de way.
    [Exit Hantony an Trebonius.]
DECIUS. Wae Metellus Cimba dae? Mek im
    Soon coum bring up fe im' faeva im waan aks Ceazaa.
BRUTUS. Im gheh address; press neah an seccan im.
CINNA. Kiasca, de-I aa de fhus dhat aa raiz de-I' aan.
CEAZAA. I-n-I all dae ready? Waw now dae wrong
    Dhat Ceazaa an im' Senaet av fe mek right?
METELLUS. So iegh, so mighty, an so aebl Ceazaa,
    Metellus Cimba choh doung in front de-I' seat
    A umbl ahht. [Aa kneel.]

CEAZAA. I-man av fe stop de-I, Cimba.
   Dem-ya crouchen an low doung niesness
   Might fiea de blood au hoddinary jred
   An toun preoddain ting an iegh coman
   Into de law au licl-progeny. Dho dae quick
   Fe tinck dhat Ceazaa aa beah such rebel blood
   Dhat aa gho gheh taw from ih' chue quality
   Wid dhat wawt aa melt fool -- I-man mean sweet
      wudd,
   Low-crooked niesness, an bais puppy-fawnen.
   De-I' bredha by coman gheh banish.
   If de-I aa benn an aa beg an aa fawn fi im,
   I-man aa toun de-I liek a dog out au I-man' way.
   Know, Ceazaa dho doo no wrong, nau widout nuff coz
   Im aa gho gheh satisfie.
METELLUS. It no av no vois mo wottwhiel dan I-man'
      own,
   Fe soung mo sweet ina graet Ceazaa' aez
   Fi de repealen au I-man' banish bredha?
BRUTUS. I-man kiss de-I' aan, bot naw in flattary, Ceazaa,
   Aa beg I-man aa beg de-I bad dhat Publius Cimba
      kood
   Av a repeal faw immediaet livity.
CEAZAA. Waw, Brutus?
CASSIUS. Paadn, Ceazaa! Ceazaa, paadn!
   As low as to de-I' foot Cassius aa fall
   Fe beg emancipatian fi Publius Cimba.
CEAZAA. I-man kood well gheh moov, if I-man di dae as
      de-I;
   If I-man kood pray fe moov, prayes gho den moov I;
   Bot I-man dae steady as de noddan staa,

Bowt oo' chue-fix an stan-foum quality
It no av no equal ina de opn-skie.
De skie gheh paint wid oewl eeyp au spaak;
Dem all dae fiea an hevry uon aa shien;
Bot it av juss uon ina all dhat aa ohhl im plais.
So ina de i-raytian, it gheh funnish well wid jred,
An jred dae flesh an blood, an full au conscias-i-ts;
Yet ina de numba I-man know juss uon
Dha, stronga dan strong aa ohhl pon im' rank,
Unshaik by motian; an dhat I-man dae im,
Mek I a licl show it, eevn ina dis;
Dhat I-man di dae steady Cimba fe gheh banish,
An steady I-man dae now fe keep im so.

CINNA. O Ceazaa--
CEAZAA. Galang! De-I aa gho liff up Olympus?
DECIUS. Graet Ceazaa--
CEAZAA. Brutus dho kneel uesless?
KIASCA. Speak, oonu aan, fi I!
    [Kiasca fhus, den de hodha Conspirata-
   dem an Maacus Brutus stab Ceazaa.]
CEAZAA. Et tu, Bruet?-- Den fall, Ceazaa! [Aa ded.]
CINNA. Libaty! Livity! Tyranny ded!
   Run galang, shout out, bawl it choo de street-dem.
CASSIUS. Som to de comman pulpit-dem an bawl out
   "Libaty, livity, emancipatian!"
BRUTUS. Peopl an senita oonu, dho gheh frightn,
   Dho run-way, stan still; ambitian' dett gheh pay.
KIASCA. Go aa de pulpit, Brutus.
DECIUS. An Cassius too.
BRUTUS. Wae Publius?
CINNA. Ya, confoung all de way wid dis mutiny.

METELLUS. Stan cloes toghiada, lehs som i-drin au Ceazaa'
    Fe trie --
BRUTUS. Dho tauk bowt backen a stan. Publius, good
    cheay,
    It no av no haam intenn to de-I' posn,
    Nau to no Roeman els. So tell dem, Publius.
CASSIUS. An leey i-a, Publius, lehs dhat de peopl
    Aa rush dem aa rush pon i-a fe doo de-I' aej som
      mischeef.
BRUTUS. Dweet, an mek no jred pay fi dis ting
    Bot I-n-I de dooa-dem.

{Re-enta Trebonius.}

CASSIUS. Wae Hantony dae?
TREBONIUS. Run-way aa im' ouss amaez.
    Jred, queen, an progeny aa staer, aa bawl out, an aa run
    As if ih di dae doomsday.
BRUTUS. Faet, I-n-I aa gho know oonu plessia.
    Dhat I-n-I aa gho ded, I-n-I know; aa juss de tiem
    An days, aa draw dem aa draw out, dhat jred stan pon.
CASSIUS. Wie, im dhat aa cut off twenty yeays au lief
    Aa cut off so much yeays im aa feah dedt.
BRUTUS. Grant dhat, an den dedt dae a benefit;
    So I-n-I dae Ceazaa' i-drin dha doun shautn
    Im' tiem fi im aa feah dedt. Stoop, Roeman oonu,
      stoop,
    An mek I-n-I baidh I-n-I' aan-dem ina Ceazaa' blood
    Up to de elbow-dem, an smeah-doung I-n-I' soad;
    Den wauk I-n-I self owt, eevn to de maaketplais,

AC III, SCEEN I — Julias Ceazaa

    An aa waiv I-n-I aa waiv I-n-I' red weapon-dem ova I-
      n-I' edd,
    Mek all au I-n-I bawl, "Peeys, livity, an libaty!"
CASSIUS. Stoop den, an wash. Ow much aej from ya
    Dis I-n-I' lofty sceen aa gho gheh ac ova
    In stait no bhon yet an accent no know yet!
BRUTUS. Ow much tiem Ceazaa aa gho bleed in joek,
    Dhat now pon Pompey' platfom aa laydoung straight
    No betta dan de duss!
CASSIUS. So offn as dhat aa gho dae,
    So offn de ghiang au I-n-I aa gho gheh call
    De jred-dem dha ghih dem' country libaty.
DECIUS. Waw, I-n-I aa gho fawaud?
CASSIUS. Yes-I, hevry jred galang.
    Brutus aa gho lead, an I-n-I aa gho bright-up im' heel
    Wid de moes bohl an bess ahht-dem au Roem.

{Henta a Sovant.}

BRUTUS. Soff, oo aa coum ya? A i-drin au Hantony.
SOVANT. Jusso, Brutus, I-man' masta di tell I kneel,
    Jusso Maak Hantony di tell I fall doung,
    An, aa prostraet I-man prostraet, jusso im tell I say:
    Brutus im upful, wiez, nuff braiv, an honnis;
    Ceazaa di dae mighty, bohl, royal, an loven.
    Say I-man lov Brutus an I-man honna im;
    Say I-man d'fraid Ceazaa, d'honna im, an d'lov im.
    If Brutus aa gho allow dhat Hantony
    Kood coum saif aa im an gheh resolv
    Ow Ceazaa doun desov fe laydoung ina dedt,
    Maak Hantony naa gho lov Ceazaa ded

So well as Brutus aa liv im aa liv, bot aa gho folla
De fottuen-dem an affaihs au upful Brutus
Choo de dainja au dis new frontiay
Wid all chue fait. So aa say I-man' masta Hantony.
BRUTUS. De-I' masta im a wiez an nuff braiv Roeman;
I-man naeva tinck im mo-woss.
Tell im, so pleez im coum aa dis plais,
Im aa gho gheh satisfie an, by I-man' honna,
Leev ya again untouch.
SOVANT. I-man'o fetch im soon coum. [Exit.]
BRUTUS. I-man know dhat I-n-I aa gho av im well fi i-drin.
CASSIUS. I-man wish I-n-I kood, bot yet I-man av a mieyn
Dhat fraid im a lot, an I-man' nisghiven still
Dae wid cautian fi I-n-I' puppous.

{Re-enta Hantony.}

BRUTUS. Bot ya aa coum Hantony. Welcoum, Maak
Hantony.
HANTONY. O mighty Ceazaa! Aa de-I laydoung so low?
All de-I' conquess, glory, triumph, spoil, dem
Shrink to dis licl maesia? Fae de-I well.
I-man no know, genclman, waw oonu intenn,
Oo els av fe av blood draw, oo els dae sick.
If I-man self, it no av no i-ua so fit
As Ceazaa' dedt' i-ua, nau no hinstrument
Au ahhf dhat wott as dem-dae oonu' soad, mek rich
Wid de moes upful blood au all dis i-raytian.
I-man really aa beg oonu, if oonu beah I aad,
Now, whiel oonu' puppl aan-dem aa reek an aa smoek,
Fulfil oonu' plessia. Liv a towsn yeays,

I-man naa gho fieyn I-man self so ready fe ded;
No plais aa gho pleez I so, no means au dedt,
As right ya by Ceazaa, an by oonu cut doung,
De chooz out masta spirit-dem au dis aej.
BRUTUS. O Hantony, dho beg de-I' dedt from I-n-I!
Dhough now I-n-I av fe appeah bloody an cruel,
As, by I-n-I' aan an dis I-n-I' presant ac
De-I sightup I-n-I doo, yet de-I sightup juss I-n-I' aan
An dis de bleeden business dem doun doo.
I-n-I' ahht de-I no sightup; it dae pitiful;
An pity fi de genaral wrong au Roem--
As fiea aa driev out fiea, so pity pity--
Doun doo dis ting pon Ceazaa. Fi de-I' paat,
To de-I I-n-I' soad-dem av leadn point, Maak Hantony;
I-n-I' aan-dem in strenk au malis, bot I-n-I' ahht-dem
Wid bredha' feelen aa welcoum de-I in
Wid all kieyn lov, good tawt, an revrens.
CASSIUS. De-I' vois aa gho dae as strong as heny jred' own
Ina de shaeren out au new dignity.
BRUTUS. Juss dae patiant till I-n-I doun calm doung
De peopl-dem, besied demself wid feah,
An den I-n-I aa gho deliva de-I de coz
Wie I, oo di lov Ceazaa wen I-man striek im,
Doun kiarry on jusso.
HANTONY. I-man dho doutt de-I' conscias-i-ts.
Mek hevry jred ghih I im' bloody aan.
Fhus, Maacus Brutus, I-man aa gho shaik wid de-I;
Nex, Kieus Cassius, I-man aa taik de-I' aan;
Now, Decius Brutus, de-I' own; now de-I' own,
  Metellus;

De-I' own, Cinna; an, I-man' nuff braiv Kiasca, de-I'
  own;
Dhough lahs, naw leas in lov, de-I' own, good
  Trebonius.
Genclman all-- oyoy, waw I-man aa gho say?
I-man' credit now aa stan pon such slippry groung,
Dhat uon au two bad way oonu av fe tinck bowt I,
Iedha a cowaud aw a flattara.
Dhat I-man di lov de-I, Ceazaa, O, aa chue!
If den de-I' spirit aa look pon i-a now,
It naa gho greev de-I deepa dan de-I' dedt
Fe sightup de-I' Hantony, aa mek im aa mek im' peeys,
Aa shaik de bloody finga au de-I' foe-dem,
Moes upful! Ina de presans au de-I' copps?
If I-man di av as much yiey as de-I av woong,
Aa weep dem aa weep as fass as dem stream owt de-I'
  blood,
Ih whooda fit I betta dan fe join
In toums au i-drin-lov wid de-I' henemy-dem.
Paadn I, Julias! Ya de-I di gheh bay, braiv deay,
Ya de-I di fall, an ya de-I' hunta-dem stannup,
Paint ina de-I' blood, an blood red ina de-I' dedt.
O i-raytian, de-I di dae de foress fe dis deay,
An dis, fi real, O i-raytian, aa de dearess ina de-I.
Ow liek a deay striek by a lot au ras
De-I aa laydoung ya!

CASSIUS. Maak Hantony--
HANTONY. Paadn I, Kieus Cassius.
  De henemy-dem au Ceazaa aa gho say dis:
  Dhat, in a i-drin, it aa cool modaratian.

CASSIUS. I-man no blaim de-I fi dhat de-I aa big-up Ceazaa
so;
Bot waw compack de-I mean fe av wid i-a?
De-I aa gho gheh maak in numba wid I-n-I' i-drin-dem,
Aw I-n-I aa gwon, an naw depenn pon de-I?
HANTONY. Fi dis, I-man d'taik oonu aan, bot fi real di gheh
Sway from de point, aa look I-man aa look doung pon Ceazaa.
I-drin I-man dae wid all au de-I an lov all au de-I,
Pon dis oep dhat oonu aa gho ghih I reason
Wie an in waw Ceazaa di dae dainjarous.
BRUTUS. Aw els dis di dae a savaej spectacl.
I-n-I' reason-dem dae so full au good reghiad
Dhat if de-I di dae, Hantony, de son au Ceazaa,
De-I fe gheh satisfie.
HANTONY. Dhat aa all I-man look faw;
An ontop dhat, dae oepful dhat I-man kood
Kiarry im' body aa de maaketplais,
An, ina de pulpit, as dae right fi a i-drin,
Speak ina de pofommans au im' funaral.
BRUTUS. De-I aa gho dweet, Maak Hantony.
CASSIUS. Brutus, a wudd wid de-I.
[Asied to Brutus.] De-I no know waw de-I aa doo.
Dho agree
Dhat Hantony speak ina im' funaral.
De-I know ow much de peopl kood gheh moov
By dhat waw im aa gho utta?
BRUTUS. By de-I' paadn,
I-man self aa go ina de pulpit fhus,
An show de reason fi I-n-I' Ceazaa' dedt.

Waw Hantony aa gho speak, I-man aa gho protess
Im aa speak by leev an by pomissian,
An dhat I-n-I dae content Ceazaa aa gho
Av all chue riet an lawful ceremony.
It aa gho advantaej mo dan doo I-n-I wrong.

CASSIUS. I-man no know waw kood go doung; I-man no liek ih.

BRUTUS. Maak Hantony, ya, taik Ceazaa' body.
De-I naa gho blaim i-a ina de-I' funaral wudd-soung,
Bot speak all good de-I kood tinck bowt bowt Ceazaa,
An say de-I aa dweet by I-n-I' pomissian,
Els de-I naa gho av no aan at all
Ina im' funaral. An de-I aa gho speak
Ina de saim pulpit to wae I-man aa go,
Afta I-man' wudd-soung gheh enn.

HANTONY. Mek ih dae so,
I-man dho waan no mo.

BRUTUS. Prepae de body den, an folla i-a.
[Exit all bot Hantony.]

HANTONY. O, paadn I, de-I bleeden peess au utt,
Dhat I-man dae meek an gencl wid dem-ya butcha!
De-I aa de ruin au de moes upful jred
Dhat i-va d'liv ina de tied au tiem.
Woe to de aan dha shed dis iegh-coss blood!
Ova de-I' woong-dem now I-man aa prophesie
(Waw liek doum moutt aa opn dem' ruby lip
Fe beg de vois an uttarans au I-man' tung)
A cuss aa gho fall pon de lihm-dem au jred;
Domestic fury an feays civil strief
Aa gho clog up all de paat-dem au Hitaly;
Blood an doungstructian aa gho dae so ina ues,

AC III, SCEEN I — Julias Ceazaa

An dreadful objeck so familia,
Dhat mooma-dem aa gho juss smiel wen dem sight up
Dem' infant-dem chop up wid de aan-dem au wau;
All pity choek wid de habit au badness,
An Ceazaa' spirit, aa raenj it aa raenj fi revenj,
Wid Aet by im' sied coum ott from ell,
Ina dem-ya confien wid a monaach' vois aa gho
Bawl "Havoc!" an mek slip de dog-dem au wau,
Dhat dis foul ting aa gho smell up ova de utt
Wid kiarrion jred, aa groan dem aa groan fi buryal.

{Henta a Sovant.}

De-I aa sov Hoctavius Ceazaa, aa no chue?
SOVANT. I-man aa doo dhat, Maak Hantony.
HANTONY. Ceazaa di wriet fi im fe coum aa Roem.
SOVANT. Im di receev im' letta-dem, an aa coum,
    An tell I say to de-I by wudd au moutt--
    O Ceazaa! [Aa sightup de body.]
HANTONY. De-I' ahht dae big; ghet de-I self by de-I self an
    weep.
    Feelen, I-man sightup, aa kech it aa kech, fi I-man'
      yiey-dem,
    Aa check dem aa checkout dem-ya bead au sorrow
      stannup ina de-I' own,
    staat-out fe watta. De-I masta aa coum?
SOVANT. Im dae tonight widin sevn leag au Roem.
HANTONY. Duss back wid speed an tell im waw doun go
    doung.
    A moenen Roem dae ya, a dainjarous Roem,
    No Roem au saifty fi Hoctavius yet;

Urry galang, an tell im so. Bot stay a whiel,
De-I naa'o go back till I-man doun beah dis copps
Straight ina de maaketplais. Dae I-man aa gho trie,
Ina I-man' oratian, ow de peopl taik
De cruel issue au dem-ya bloody jred,
Accodden to waw, de-I aa gho discoess
To young Hoctavius bowt de stait au ting.
Lenn I de-I' aan. [Exit all: wid Ceazaa' body.]

SCEEN II.
De Forum.

Henta Brutus an Cassius, an a crowd au Citizn.

CITIZN-DEM. I-n-I aa gho gheh satisfie! Mek I-n-I gheh satisfie!
BRUTUS. Den folla I an ghih I audians, i-drin oonu.
    Cassius, go ina de hodha street
    An paat de numba.
    Dem-dae dhat aa gho eay I speak, mek dem stay ya;
    Dem-dae dhat aa gho folla Cassius, go wid im;
    An public reason aa gho gheh mek
    Bowt Ceazaa' dedt.
FHUS CITIZN. I-man aa gho eay Brutus speak.
SECCAN CITIZN. I-man aa gho eay Cassius an compae dem' reason,
    Wen I-n-I eay all au dem mek.
        [Exit Cassius, wid som Citizn.

Brutus aa go ina de pulpit.]
TOD CITIZN. De upful Brutus now gon up. Sielans!
BRUTUS. Dae patiant till de lahs.

Roeman oonu, countryman, an comrad! Eay I fi I-man' coz, an dae sielant, dhat oonu kood eay. Beleev I fi I-man' honna, an av respeck to I-man' honna, dhat oonu kood beleev. Censsia I ina oonu' conscias-i-ts, an waikup oonu' sens-dem, dhat oonu kood de betta judj. If it av heny ina dis assembly, heny deep i-drin au Ceazaa', to im I-man say dhat Brutus' lov fi Ceazaa diin dae no less dan im' own. If den dhat i-drin deman wie Brutus riez up againts Ceazaa, dis aa I-man' ansa: Naw dhat I-man d'lov Ceazaa less, bot dhat I-man lov Roem mo. Oonu di radha Ceazaa didaa liv an ded all slaiv, dan dhat Ceazaa di ded fe liv all freejred? As Ceazaa d'lov I, I-man weep fi im; as im di dae fottuenaet, I-man rejois at it; as im di dae nuff braiv, I-man honna im; bot as im di dae ambitious, I-man kill im. It av teahs fi im' lov, joy fi im' fottuen, honna fi im' braivry, an dedt fi im' ambitian. Oo dae ya so bais dhat gho dae a slaivbwoy? If heny, speak, fi im I-man doun offenn. Oo dae ya so crued dha no waan dae a Roeman? If heny, speak, fi im I-man doun offenn. Oo dae ya so viel dhat naa gho lov im' country? If heny, speak, fi im I-man doun offenn. I-man poz fi a replie.

ALL. Non, Brutus, non.
BRUTUS. Den non I-man doun offenn. I-man no doo no mo to Ceazaa dan oonu aa gho doo to Brutus. De questian au im' dedt gheh enroll ina de Kiapitol, im' glory no taik-way from, in waw im di dae wottwhiel,

> nau im' wrong ting-dem mek mo, fi waw im suffa dedt.

{Henta Hantony an hodhas, wid Ceazaa' body.}

> Ya im' body aa coum, moen by Maak Hantony, oo, dhough im diin av no aan ina im' dedt, aa gho receev de benefit from im' dieen, a plais ina de new free stait, as wich uon au oonu naa gho av? Wid dis I-man aa leev ya -- dhat, as I-man d'kill I-man' bess comrad fi de good au Roem, I-man av de saim dagga fi I-man self, wen it aa gho pleez I-man' country fi need I-man' dedt.

ALL. Liv, Brutus, liv, liv!
FHUS CITIZN. Bring im wid triumph oem aa im' ouss.
SECCAN CITIZN. Ghih im a statchu wid im' ancesta-dem.
TOD CITIZN. Mek im dae Ceazaa.
FOHT CITIZN. Ceazaa' betta paat-dem
> Aa gho gheh croung ina Brutus.

FHUS CITIZN. I-n-I 'o bring im aa im' ouss wid shout an
> nuff noiz.

BRUTUS. I-man' countryman oonu--
SECCAN CITIZN. Peeys! Sielans! Brutus aa speak.
FHUS CITIZN. Peeys, wo!
BRUTUS. Good countryman oonu, mek I leev ya aloen,
> An, fi I-man' saik, stay ya wid Hantony.
> Bring brightness to Ceazaa' copps, an bright-up im' wudd-soung,
> Aa tenn it aa tenn to Ceazaa' glory, waw Maak Hantony,
> By I-n-I' pomissian, gheh allow fe mek.
> I-man aa beg oonu, naw uon jred go-way,

Saiv I-man aloen, till Hantony doun speak. [Exit.]
FHUS CITIZN. Stay, wo, an mek I-n-I eay Maak Hantony.
TOD CITIZN. Mek im go up ina de public chaih;
   I-n-I 'o eay im. Upful Hantony, go up.
HANTONY. Fi Brutus' saik, I-man dae beohhlen to oonu.
   [Aa go ina de pulpit.]
FOHT CITIZN. Waw im aa say bowt Brutus?
TOD CITIZN. Im aa say, fi Brutus' saik,
   Im aa fieyn imself beohhlen to I-n-I all.
FOHT CITIZN. Ih di bess im speak ya no haam bowt Brutus.
FHUS CITIZN. Dis Ceazaa di dae a tyrant.
TOD CITIZN. Naa, dhat aa sotain.
   I-n-I dae bless dhat Roem rid au im.
SECCAN CITIZN. Peeys! Mek I-n-I eay waw Hantony kood
   say.
HANTONY. Oonu gencl Roeman--
ALL. Peeys, wo! Mek I-n-I eay im.
HANTONY. I-drin, Roeman, countryman, lenn I oonu' aez!
   I-man coum fe bury Ceazaa, naw fe big im up.
   De heevl dhat jred doo aa liv afta dem,
   De good offn gheh bury wid dem' boen;
   So mek ih dae wid Ceazaa. De upful Brutus
   Doun tell oonu Ceazaa di dae ambitious;
   If it di dae so, it di dae a greevious fault,
   An greevious Ceazaa doun ansa fi it.
   Ya, unda leev au Brutus an de ress--
   Fi Brutus im a honnarabl jred;
   So dem all dae, all honnarabl jred--
   I-man coum fe speak ina Ceazaa' funaral.
   Im di dae I-man' i-drin, faitful an juss to I;
   Bot Brutus aa say im di dae ambitious,

An Brutus im a honnarabl jred.
Im doun bring a eeyp au kiaptiv oem aa Roem,
Oo' ransom di full up de genaral coffa-dem.
Dis ina Ceazaa di seem ambitious?
Wen dhat de poh di bawl, Ceazaa di weep;
Ambitian fe gheh mek from aada stuff:
Yet Brutus aa say im di dae ambitious,
An Brutus im a honnarabl jred.
All au de-I di sightup dhat pon de Lupaccal
I-man chree tiem presant im wid a negus' croung,
Waw im di chree tiem refuez. Dis di dae ambitian?
Yet Brutus aa say im di dae ambitious,
An shuo im a honnarabl jred.
I-man no speak fe disproov waw Brutus speak,
Bot ya I-man dae fe speak waw I-man know.
All de-I di lov im uons, naw widout coz;
Waw coz aa keep oonu back den fe moen fi im?
O judjmant, de-I doun flie to bruetish beess,
An jred doun looz dem' reason. Beah wid I;
I-man' ahht dae ina de coffin dae wid Ceazaa,
An I-man av fe poz till it coum back to I.

FHUS CITIZN. I-man aa tinck it av a lot au reason ina waw
    im aa say.
SECCAN CITIZN. If de-I consida de matta right,
    Ceazaa gheh doo graet wrong.
TOD CITIZN. Im gheh doo, oonu masta?
    I-man fraid it aa gho av coum a mo-woss ina im' plais.
FOHT CITIZN. Oonu maak im' wudd-dem? Im diin waan
    taik de croung;
    Fi dis, aa sotain im diin dae ambitious.
FHUS CITIZN. If it gheh fieyn so, som aa gho pay dear fi it.

SECCAN CITIZN. Poh soul, im' yiey-dem dae red as fiea, aa
    weep im aa weep wid dem.
TOD CITIZN. Ih no av a mo upful jred ina Roem dan
    Hantony.
FOHT CITIZN. Now maak im, im aa staat-out again fe
    speak.
HANTONY. Juss yestaday de wudd au Ceazaa kooda
    Stannup gaints de i-raytian. Now im aa laydoung dae,
    An non dae so poh fe doo im revrens.
    O masta oonu! If I-man di dae inclien fe stur up
    Oonu' ahht an mieyn to mutiny an raej,
    I-man fe doo Brutus wrong an Cassius wrong,
    Oo, all oonu know, dae honnarabl jred.
    I-man naa gho doo dem wrong; I-man radha chooz
    Fe wrong de ded, fe wrong I-man self an oonu,
    Dan I-man aa gho wrong such honnarabl jred.
    Bot ya a paachment dae wid de seal au Ceazaa;
    I-man fieyn it ina im' wuckroom, aa im' will.
    Mek de peopl-dem juss eay dis testament--
    Waw, paadn I, I-man no mean fe read--
    An dem aa gho den go an kiss ded Ceazaa' woong-dem
    An dip dem' napkin ina im' i-tal blood,
    Seen, beg a haih from im fi memry,
    An, aa ded dem aa ded, mentian it ina dem' will,
    Aa bequeat dem aa bequeat it as a rich legasy
    To dem' progeny.
FOHT CITIZN. I-n-I 'o eay de will. Read it, Maak Hantony.
ALL. De will, de will! I-n-I aa gho eay Ceazaa' will.
HANTONY. Av patians, gencl i-drin-oonu, I-man no fe read
    it;
    It no dae right oonu know ow Ceazaa d'lov oonu.

Oonu no dae wood, oonu no dae stoen, bot jred;
An, aa jred oonu jred, aa eay oonu aa eay de will au Ceazaa,
It aa gho inflaim oonu, it aa gho mek oonu mad.
Aa good oonu no know dhat oonu dae ina im' will,
Faw if oonu fe know, O, wawt aa gho coum au it!

FOHT CITIZN. Read de will; I-n-I 'o eay it, Hantony.
De-I aa gho read i-a de will, Ceazaa' will.

HANTONY. Oonu aa gho dae patiant? Oonu aa gho stay a whiel?
I-man doun gon too faa fe tell oonu bowt ih.
I-man fraid dha I-man wrong de honnarabl jred-dem
Oo' dagga doun stab Ceazaa; I-man fraid au it.

FOHT CITIZN. Dem di dae traita. Honnarabl jred-dem!

ALL. De will! De testament!

SECCAN CITIZN. Dem di dae jinal, moudara. De will! read de will!

HANTONY. Oonu aa gho compel I den fe read de will?
Den mek a ring roung de copps au Ceazaa,
An mek I show oonu im dha d'mek de will.
I-man aa gho coum doung? An oonu aa gho ghih I leev?

ALL. Coum doung.

SECCAN CITIZN. Coum doung.

[Im aa coum doung from de pulpit.]

TOD CITIZN. De-I aa gho av leev.

FOHT CITIZN. A ring, stan roung.

FHUS CITIZN. Stan from de huhss, stan from de body.

SECCAN CITIZN. Room fi Hantony, moes upful Hantony.

HANTONY. Naa, dho press so pon I, stan faa back.

ALL. Stan back; room, beah back!

HANTONY. If oonu av teahs, prepae fe shed dem now.
　　All au de-I know dis mantl. I-man rememba
　　De fhus tiem i-va Ceazaa poot it on;
　　It di dae pon a summa' eevnen, ina im' tent,
　　Dhat day im ovacoum de Noviie.
　　Look, ina dis plais Cassius' dagga run choo;
　　Checkout wawt a ghiash de envious Kiasca mek;
　　Choo dis de well-lov Brutus stab;
　　An as im pluck-way im' cuss steel,
　　Maak ow de blood au Ceazaa d'folla it,
　　As aa rush it aa rush out au doh, fe dae nuff shuo
　　If Brutus d'knock so unkieyn, aw not;
　　Fi Brutus, as oonu know, di dae Ceazaa' aenjal.
　　Judj, O oonu jaja, ow Ceazaa d'lov im deep!
　　Dis di dae de moes unkieyndess cut au all;
　　Fi wen de upful Ceazaa sight im up stab,
　　Ingratitued, mo strong dan traita' aan,
　　All-de-way vanquish im. Den im' mighty ahht bhus,
　　An, ina im' mantl, aa muffl it aa muffl up im' fais,
　　Eevn at de bais au Pompey' statchu,
　　Waw all de whiel run blood, graet Ceazaa fall.
　　O, wawt a fall di dae dae, I-man' countryman!
　　Den I, an oonu, an all au I-n-I d'fall doung,
　　Whiel bloody treason d'flourish ova i-a.
　　O, now oonu aa weep, an I-man sightup now oonu aa feel
　　De weight au pity. Dem-ya aa graisious drop.
　　Kieyn soul, waw oonu aa weep wen oonu juss sight up
　　I-n-I' Ceazaa' vestia full au woong? Oonu look ya,
　　Right ya imself dae, spoil, as oonu sightup, by traita.
FHUS CITIZN. O pitiful spectacl!

SECCAN CITIZN. O upful Ceazaa!
TOD CITIZN. O woeful day!
FOHT CITIZN. O traita, jinal oonu!
FHUS CITIZN. O moes bloody sight!
SECCAN CITIZN. I-n-I aa gho gheh revenj.
ALL. Revenj! Go roung! Sutch! Boun! Fiea! Kill!
    Kill again! Dho mek a traita liv!
HANTONY. Stay, countryman oonu.
FHUS CITIZN. Peeys dae! Eay de upful Hantony.
SECCAN CITIZN. I-n-I 'o eay im, I-n-I 'o folla im, I-n-I 'o
    ded wid im.
HANTONY. Good i-drin, sweet i-drin, dho mek I stur oonu
    up
    To such a suddn flood au mutiny.
    Dem dha doun doo dis ting, dem dae honnarabl.
    Waw prievaet greef dem av, oyoy, I-man no know,
    Dha mek dem dweet. Dem dae wiez an honnarabl,
    An, no doutt, wid reason aa gho ansa de-I.
    I-man dho coum, i-drin, fe steal-way oonu ahht.
    I-man no dae no big tauka, as Brutus dae;
    Bot, as all oonu know I, a plain blunt jred,
    Dha lov I-man' i-drin, an dhat dem know full well
    Dha ghih I public leev fe speak bowt im.
    Faw I-man no av nieda wit, nau wudd, nau wott,
    Actian, nau uttarans, nau de powa au wudd-soung,
    Fe stur jred' blood. I-man juss speak right on;
    I-man tell oonu dhat waw oonuself know;
    Show oonu sweet Ceazaa' woong-dem, poh doum
        moutt,
    An tell dem speak fi I. Bot if I-man di dae Brutus,
    An Brutus Hantony, dae a Hantony di dae

> Whooda ruffl up oonu' spirit an poot a tung
> In hevry woong au Ceazaa dhat fe moov
> De stoen-dem ina Roem fe riez up an mutiny.

ALL. I-n-I 'o mutiny.

FHUS CITIZN. I-n-I 'o boun de ouss au Brutus.

TOD CITIZN. Go-way, den! Coum, fieyn de conspirata-dem.

HANTONY. Yet eay I, countryman; yet eay I speak.

ALL. Peeys, wo! Eay Hantony, moes upful Hantony!

HANTONY. Wie, i-drin, oonu go fe doo waw oonu no know.
> In waw Ceazaa so doun desov oonu' lov?
> Oyoy, oonu no know; I-man av fe tell oonu den.
> Oonu doun fighet de will I-man d'tell oonu bowt.

ALL. So chue, de will! Mek I-n-I stay an eay de will.

HANTONY. Ya de will dae, an unda Ceazaa' seal.
> To hevry Roeman citizn im aa ghih,
> To hevry singl jred, sevnty-fiev drachma.

SECCAN CITIZN. Moes upful Ceazaa! I-n-I 'o revenj im' dedt.

TOD CITIZN. O royal Ceazaa!

HANTONY. Eay I wid patians.

ALL. Peeys, wo!

HANTONY. Ontop dhat, im doun leey de-I all im waukway,
> Im prievaet ghiaadn-dem, an young fruit-tree,
> Pon dis sied Tieba; im doun leey dem aa de-I,
> An fi de-I' progeny fi i-va--comman plessia,
> Fe wauk roung an recreayt oonuself.
> Ya a Ceazaa di dae! Wen such anodha aa gho coum?

FHUS CITIZN. Naeva, naeva. Coum, go-way, go-way!
> I-n-I 'o boun im' body ina de ola plais

    An wid de brann-dem fiea de traita-dem' ouss.
    Taik up de body.
SECCAN CITIZN. Go fetch fiea.
TOD CITIZN. Pluck doung bench.
FOHT CITIZN. Pluck doung fom, wiinda, henyting.
                 [Exit all: Citizn-dem wid de body.]
HANTONY. Now mek ih wuck. Mischeef, de-I dae pon
    foot,
    Taik waw coess de-I want.

{Henta a Sovant.}

    Ow now, fella?
SOVANT. Ras, Hoctavius im aready coum aa Roem.
HANTONY. Wae im dae?
SOVANT. Im an Lepidus dae aa Ceazaa' ouss.
HANTONY. An by dae I-man'o go straightway fe visit im.
    Im aa coum pon a wish. Fottuen iery,
    An ina dis mood aa gho ghih i-a henyting.
SOVANT. I-man d'eay im say Brutus an Cassius
    Gheh chaes liek madman choo de gaet-dem au Roem.
HANTONY. Liek dem di av som noetis au de peopl,
    Ow I-man di moov dem. Bring I to Hoctavius. [Exit
    all.]

SCEEN III.
A street.

Henta Cinna de poet.

CINNA. I-man dream lahs night dhat I-man di feess wid Ceazaa,
    An ongl bad luck now I-man' mieyn kood sightup.
    I-man no av no will fe waunda owt au doh,
    Yet somting aa lead I owt.

{Henta Citizn-dem.}

FHUS CITIZN. Aa waw de-I' naim?
SECCAN CITIZN. Aa wae de-I aa go?
TOD CITIZN. Wae de-I aa dwell?
FOHT CITIZN. De-I a marryd jred aw a bachela?
SECCAN CITIZN. Ansa hevry jred straight up.
FHUS CITIZN. Yes-I, an breef.
FOHT CITIZN. Yes-I, an wiez.
TOD CITIZN. Yes-I, an in chuet, de-I di betta.
CINNA. Waw I-man' naim dae? Aa wae I-man aa go? Wae I-man aa dwell? I-man a marryd jred aw a bachela? Den, fe ansa hevry jred straight up an breef, wiez an chue: wiez I-man say, I-man a bachela.
SECCAN CITIZN. Dhat dae as much as fe say dem aa fool dhat marry. De-I'o beah I a bang fe dhat, I-man fraid. Kiarry on straight.
CINNA. Straight up, I-man aa gho aa Ceazaa' funaral.
FHUS CITIZN. As a i-drin aw a henemy?
CINNA. As a i-drin.

SECCAN CITIZN. Dhat matta gheh ansa straight.
FOHT CITIZN. Faw de-I' dwellen, breef.
CINNA. In breef, I-man dwell by de Kiapitol.
TOD CITIZN. De-I' naim, Ras, in chuet.
CINNA. In chuet, I-man' naim dae Cinna.
FHUS CITIZN. Teah im to peess, im a conspirata.
CINNA. I-man dae Cinna de poet, I-man dae Cinna de poet.
FOHT CITIZN. Teah im fi im' bad vos-dem, teah im fi im' bad vos-dem.
CINNA. I-man no dae Cinna de conspirata.
FOHT CITIZN. Aa no matta, im' naim' Cinna. Pluck out all au im' ahht bot im' naim, an mek im galang.
TOD CITIZN. Teah im, teah im! Coum, brann, wo, fieabrann. To Brutus', to Cassius'; boun all. Som to Decius' ouss, an som to Kiasca', som to Ligarius'. Go-way, go! [Exit all.]

AC IV,. SCEEN I.
A ouss in Roem.

Hantony, Hoctavius, an Lepidus, satta roung a taibl.

HANTONY. Dem-ya lot den aa gho ded, dem' naim gheh
 maak.
HOCTAVIUS. De-I' bredha too av fe ded; de-I agree,
 Lepidus?
LEPIDUS. I-man agree--
HOCTAVIUS. Maak im doung, Hantony.
LEPIDUS. Pon conditian Publius naa gho liv,
 Oo aa de-I' sista' son, Maak Hantony.
HANTONY. Im naa gho liv; look, wid a spot I-man daam
 im.
 Bot, Lepidus, go de-I self aa Ceazaa' ouss,
 Fetch de will on ya, an I-n-I aa gho detomin
 Ow fe cut off som chaaj in legasy.
LEPIDUS. Waw, I-man aa gho fieyn de-I ya?
HOCTAVIUS. Right ya, aw aa de Kiapitol. [Exit Lepidus.]
HANTONY. Dis a real licl good-fi-nottn jred,
 Fit fe gheh senn pon erran. It aa fit,
 De chree-fohl i-raytian divied, im fe stannup
 Uon au de chree fe shae it?
HOCTAVIUS. So de-I d'tinck im,

An taik im' vois oo fe gheh maak fi ded
Ina I-n-I' bleak sentans an scroll au dedt.
HANTONY. Hoctavius, I-man doun sightup mo days dan de-I,
An dhough I-n-I lay up dem-ya honna pon dis jred
Fe eez I-n-I self au all-diffrent slandarous load,
Im aa gho juss beah dem as de ass beah gohl,
Fe groan an swet unda de business,
Iedha gheh lead aw driev, as I-n-I point de way;
An aa doun im doun bring I-n-I' tressia wae I-n-I want,
Den I-n-I taik doung im' load an toun im off,
Liek to de empty ass, fe shaik im' aez
An graiz in pastia-dem.
HOCTAVIUS. De-I kood doo waw de-I want,
Bot im a tehs an nuff braiv solja.
HANTONY. So I-man' oss dae, Hoctavius, an fi dhat
I-man supplie im a stock au provisian.
It dae a creatia dhat I-man teach fe fight,
Fe toun, fe stop, fe run on straight,
Im' copporal motian govan by I-man' spirit.
An, in som tais, Lepidus dae juss so:
Im av fe gheh teach, an train, an tell go fawaud;
A barren-spirit fella, uon dhat aa feed
Pon objeck, aat, an imitatian,
Waw, out au ues an stayl by hodha jred,
Staat-out im' fashian. Dho tauk bowt im
Bot as a proppaty. An now, Hoctavius,
Lissn big ting. Brutus an Cassius
Aa ghiadda powa; I-n-I av fe straight mek edd;
Fi dis, mek I-n-I' allieans gheh combien,
I-n-I' bess i-drin-dem gheh mek, I-n-I' means stretch;

AC IV, SCEEN II — Julias Ceazaa

> An soon coum mek i-a go satta ina council,
> Ow secret matta kood bess gheh reveal,
> An opn dainja deal wid fi shuo.

HOCTAVIUS. Mek I-n-I dweet, fi I-n-I dae at de staik,
> An gheh bay roung wid a lot au henemy;
> An som dhat aa smiel av ina dem' ahht, I-man fraid,
> Millian au mischeef. [Exit all.]

SCEEN II.
Kiamp neah Saadis. In front Brutus' tent. Drum.

Henta Brutus, Lucilius, Lucius, an Solja-dem; Titinius an Pindarus meet dem.

BRUTUS. Stop, wo!
LUCILIUS. Ghih de wudd, wo, an stop.
BRUTUS. Waw now, Lucilius, Cassius dae neah?
LUCILIUS. Im dae at aan, an Pindarus now coum
> Fe ghih de-I greeten from im' masta.
BRUTUS. Im aa fieyn I well. De-I' masta, Pindarus,
> Ina im' own-aa chaenj, aw by bad offisa-dem,
> Doun ghih I nuff good reason fe wish
> Ting doun doo undoo; bot if im dae at aan,
> I-man aa gho satisfie.
PINDARUS. I-man dho doutt
> Bot dhat I-man' upful masta aa gho appeah
> Such as im dae, full au reghiad an honna.
BRUTUS. I-man no doutt dhat. A wudd, Lucilius,

Ow im receev de-I. Mek I satisfie I-man self.
LUCILIUS. Wid niesness an wid nuff respeck,
    Bot naw wid such familia instans,
    Nau wid such free an i-drin convasatian,
    As im di ues from ohl.
BRUTUS. De-I juss descrieb
    A ott i-drin aa cool im aa cool doung. I-va noet,
      Lucilius,
    Wen lov aa staat out fe sickn an decay
    It aa ues a foess kieyn au behaivia.
    It no av no trick in plain an simpl chruss;
    Bot hollow jred, liek oss wae ott at aan,
    Mek ghiallant show an promis dem' couraej;
    Bot wen dem fe enduo de bloody spuh,
    Dem fall dem' crehs doung an liek deceetful jaed
    Sink ina de trial. Aa coum im haamy aa coum on?
LUCILIUS. Dem d'mean dis night ina Saadis fe gheh ohhl
    up;
    De graeta paat, de oss-dem in genaral,
    Aa coum wid Cassius. [Low maach insied.]
BRUTUS. Lissn, im now reach ya.
    Maach on gencl fe meet im.

{Henta Cassius an im' Powa-dem.}

CASSIUS. Stop, wo!
BRUTUS. Stop, wo! Speak de wudd along.
FHUS SOLJA. Stop!
SECCAN SOLJA. Stop!
TOD SOLJA. Stop!
CASSIUS. Moes upful bredha, de-I doun doo I wrong.

BRUTUS. Judj I, oonu jaja! I-man wrong I-man' henemy?
    An, if naw so, ow I-man fe wrong a bredha?
CASSIUS. Brutus, dis soba fom au de-I' own aa ied wrong ting,
    An wen de-I doo dem--
BRUTUS. Cassius, calm de-I self,
    Speak de-I' greevans soff, I-man know de-I well.
    In front de yiey-dem au boht I-n-I' haamy ya,
    Waw no fe sight up nottn bot lov from i-a,
    No mek I-n-I wrangl. Tell dem moov-way;
    Den ina I-man' tent, Cassius, pour out de-I' greevans,
    An I-man aa gho ghih de-I a eayren.
CASSIUS. Pindarus,
    Tell I-n-I' comanda-dem fe lead dem' chaaj off
    A licl from dis groung.
BRUTUS. Lucilius, doo de saim, an mek no jred
    Coum aa I-n-I' tent till I-n-I doun doo I-n-I' confrans.
    Mek Lucius an Titinius guiad I-n-I' doh. [Exit all.]

SCEEN III.
Brutus' tent.

Henta Brutus an Cassius.

CASSIUS. Dhat de-I doun wrong I appeah ina dis:
    De-I doun condem an noet Lucius Pella
    Fi im aa taik brieb ya from de Saadian-dem,

Ina waw I-man' letta-dem, aa beg dem aa beg pon im'
  sied,
Becoz I-man di know de jred, di gheh igno.
BRUTUS. De-I wrong de-I self fe wriet in such a cais.
CASSIUS. In such a tiem as dis it no dae good
  Dhat hevry small wrong ting fe beah ih' judjmant.
BRUTUS. Mek I tell de-I, Cassius, de-I self
  Gheh condem a lot fi de-I aa av a itchen pahm,
  Fi de-I aa sell an aa maaket de-I' positian fi gohl
  To wottless jred.
CASSIUS. I-man a itchen pahm?
  De-I know dhat de-I dae Brutus dhat aa speak dis,
  Aw els, by de jaja-dem, dis wudd-soung di dae de-I'
    lahs.
BRUTUS. De naim au Cassius aa honna dis corruptian,
  An correctian, fi dis, aa ied im' edd.
CASSIUS. Correctian?
BRUTUS. Rememba Maach, de ieds au Maach rememba.
  Graet Julias diin bleed fi justis' saik?
  Waw jinal touch im' body, oo di stab,
  An naw fi justis? Waw, uon au i-a,
  Oo d'striek de fomoes jred au all dis i-raytian
  Juss fi im aa suppoat robba, I-n-I now aa gho
  Contaminaet I-n-I' finga wid bais brieb
  An sell de mighty spais au I-n-I' laaj honna
  Fi so much trash as kood gheh grab jusso?
  I-man di radha dae a dog, an bay de moon,
  Dan such a Roeman.
CASSIUS. Brutus, dho bait I,
  I-man naa'o enduo it. De-I fighet de-I self
  Fe cramp I-man' styel. I-man a solja, I,

Ohlda in practis, aebla dan de-I self
Fe mek decisian.
BRUTUS. Gwon, de-I no dae aebl, Cassius.
CASSIUS. I-man dae aebl.
BRUTUS. I-man say de-I no dae aebl.
CASSIUS. Dho push I no mo, I-man aa gho fighet I-man self;
Av mieyn pon de-I' elt, dho temp I no foda.
BRUTUS. Go-way, licl jred!
CASSIUS. Aa it possabl?
BRUTUS. Eay I, faw I-man aa gho speak.
I-man av fe ghih way an room to de-I' ott tempa?
I-man aa gho gheh frightn wen a madman aa staer?
CASSIUS. O jaja, oonu jaja! I-man av fe enduo all dis?
BRUTUS. All dis? Yes-I, mo. Fret till de-I' proud ahht braek.
Go show de-I' slaiv-dem ow touchy de-I dae,
An mek de-I' slaivbwoy-dem trembl. I-man av fe budj?
I-man av fe taik noet au de-I? I-man av fe stop an crouch
Unda de-I' testy tempa? By de jaja-dem,
De-I aa gho digess de venam au de-I' spleen,
Dhough it aa split de-I, faw, from dis day owt,
I-man'o ues de-I fi I-man' joek, yes-I, fi I-man' laughta,
Wen de-I dae waspish.
CASSIUS. It aa coum to dis?
BRUTUS. De-I say de-I dae a betta solja:
Mek it appeah so, mek de-I' boasen chue,
An it aa gho pleez I well. Fi I-man' own-aa paat,
I-man aa gho dae glad fe loun au upful jred-dem.

CASSIUS. De-I wrong I hevry way, de-I wrong I, Brutus.
    I-man say, a elda solja, naw a betta.
    I-man di say "betta"?
BRUTUS. If de-I di dweet, I-man no kiay.
CASSIUS. Wen Ceazaa d'liv, im no daer so di moov I.
BRUTUS. Peeys, peeys! De-I no daer so di temp im.
CASSIUS. I-man no daer?
BRUTUS. Na.
CASSIUS. Waw, no daer temp im?
BRUTUS. Fi de-I' lief de-I diin daer.
CASSIUS. Dho presuem too much pon I-man' lov;
    I-man might doo waw I-man aa gho dae sorry faw.
BRUTUS. De-I doun doo waw de-I fe dae sorry faw.
    It no av no terra, Cassius, ina de-I' tret-dem,
    Faw I-man dae aam so strong in honnisty,
    Dhat dem pass by I as de hiedl wiin
    Waw I-man dho respeck. I-man di senn aa de-I
    Fi sotain sum au gohl, waw de-I refuez I,
    Faw I-man keya raiz no dunza by viel means.
    By aevn, I-man di radha coin I-man' ahht
    An drop I-man' blood fi drachma dan fe wring
    From de aad aan au peasant dem' viel trash
    By heny unda-aan way. I-man di senn
    Aa de-I fi gohl fe pay I-man' legian-dem,
    Waw de-I refuez I. Dhat di gheh doo liek Cassius?
    I-man fe ansa Kieus Cassius so?
    Wen Maacus Brutus grow so covetous
    Fe lock such dutty dunza from im' i-drin-dem,
    Dae ready, oonu jaja, wid all oonu tundabolt,
    Dash im to peess!
CASSIUS. I-man diin refuez de-I.

BRUTUS. De-I di dweet.
CASSIUS. I-man diin dweet. Im di dae juss a fool
 Dha d'bring I-man' ansa back. Brutus doun rip I-man' ahht.
 A i-drin fe beah im' i-drin' weakness-dem,
 Bot Brutus aa mek I-man' own graeta dan dem dae.
BRUTUS. I-man dho dweet, till de-I practis dem pon I.
CASSIUS. De-I dho lov I.
BRUTUS. I-man dho liek de-I' fault-dem.
CASSIUS. A i-drin yiey kood naeva sightup such fault.
BRUTUS. A flattara' own whoon, dhough it appeah
 As huej as iegh Olympus.
CASSIUS. Coum, Hantony, an young Hoctavius, coum,
 Revenj oonuself aloen pon Cassius,
 Fi Cassius dae weary au de i-raytian:
 Ait by uon im lov; tehs by im' bredha;
 Check liek a slaivbwoy; all im' fault-dem i-sov,
 poot in a noetbook, loun an conn by ahht,
 Fe kias ina I-man' teet. O, I-man kood weep
 I-man' spirit from I-man' yiey-dem! Dae I-man' dagga dae,
 An ya I-man' naked bress; insied, a ahht
 Deepa dan Pluto' mien, richa dan gohl.
 If dhat de-I dae a Roeman, taik it owt;
 I, dha refuez de-I gohl, aa gho ghih de-I I-man' ahht.
 Striek, as de-I di doo at Ceazaa, faw I-man know,
 Wen de-I di ait im woss, de-I di lov im betta
 Dan i-va de-I d'lov Cassius.
BRUTUS. Poot-way de-I' dagga.
 Dae hangry wen de-I want, it aa let off steam;
 Doo waw de-I want, dishonna aa gho dae tempa.

O Cassius, de-I gheh yoek wid a lahm,
Dhat aa kiarry hanga as de flint aa beah fiea,
Oo, a lot gheh foess, show a aissty spaak
An straightway gheh cohl again.
CASSIUS. Cassius doun liv
Fe dae juss joek an laughta to im' Brutus,
Wen greef an blood bad-tempa aa vex im?
BRUTUS. Wen I-man speak dhat, I-man di dae bad-tempa
too.
CASSIUS. De-I admit so much? Ghih I de-I' aan.
BRUTUS. An I-man' ahht too.
CASSIUS. O Brutus!
BRUTUS. Aa waw de matta?
CASSIUS. De-I no av nuff lov fe beah wid I
Wen dhat rash tempa waw I-man' mooma ghih I
Aa mek I fawgetful?
BRUTUS. Seen, Cassius, an from now on,
Wen de-I dae ovaunnis wid de-I' Brutus,
Im'o tinck de-I' mooma aa chied, an leey de-I so.
POET. [Insied.] Mek I go in fe checkout de genaral-dem.
It av som grudj between dem. Aa no right
Dem dae aloen.
LUCILIUS. [Insied.] De-I naa gho coum to dem.
POET. [Insied.] Nottn bot dedt aa gho stop I.

{Henta Poet, folla by Lucilius, Titinius, an Lucius.}

CASSIUS. Ow now, aa waw de matta?
POET. Fi shaim, oonu genaral! Waw oonu mean?
Lov, an dae i-drin, as two such jred fe dae;

>   Fi I-man doun sightup mo yeays, I-man shuo, dan
>   oonu.
> CASSIUS. Eh, Eh! Ow viel dis cynic aa rhyem!
> BRUTUS. Ghet de-I self galang, yootman; rued bwoy,
>   galang!
> CASSIUS. Beah wid im, Brutus; aa im' fashian.
> BRUTUS. I-man'o know im' tempa wen im know im' tiem.
>   Waw de wau fe doo wid dem-ya jiggen fool?
>   Companian, galang!
> CASSIUS. Go-way, go-way, gwon! [Exit Poet.]
> BRUTUS. Lucilius an Titinius, tell de comanda-dem
>   Prepae fe lodj dem' company-dem tonight.
> CASSIUS. An coum oonuself an bring Messala wid oonu
>   Right away to i-a. [Exit all: Lucilius an Titinius.]
> BRUTUS. Lucius, a bowl au wien! [Exit Lucius.]
> CASSIUS. I-man diin tinck de-I kooda dae so hangry.
> BRUTUS. O Cassius, I-man dae sick wid a lot au greef.
> CASSIUS. Wid de-I' philosophy de-I aa mek no ues,
>   If de-I ghih plais to accidental heevl.
> BRUTUS. No jred aa beah sorrow betta. Pohtia dae ded.
> CASSIUS. Eh? Pohtia?
> BRUTUS. She dae ded.
> CASSIUS. Ow I-man escaip ghet kill wen I-man d'cross de-I
>   so?
>   O loss wawt aa touch deep bot wid waw de-I keya elp!
>   Pon waw sickness?
> BRUTUS. Impatiant bowt I-man' absens,
>   An greef dhat young Hoctavius wid Maak Hantony
>   Doun mek demself so strong -- faw wid aah' dedt
>   Dhat bad news coum too -- wid dis she gheh depress,
>   An (aah' attendant-dem absent) swallow fiea.

CASSIUS. An ded so?
BRUTUS. Eevn so.
CASSIUS. O oonu i-mottal jaja!

{Re-enta Lucius, wid wien an kiandl.}

BRUTUS. No speak no mo bowt aah. Ghih I a bowl au wien.
    Ina dis I-man aa bury all unkieyness, Cassius. [Aa
     drink.]
CASSIUS. I-man' ahht dae tussty fi dhat upful pledj.
    Full up, Lucius, till de wien ovaflow de cup;
    I-man keya drink too much au Brutus' lov. [Aa drink].
BRUTUS. Coum in, Titinius! [Exit Lucius.]

{Re-enta Titinius, wid Messala.}

    Welcoum, good Messala.
    Now mek I-n-I satta ya cloes roung dis kiandl,
    An call in questian I-n-I' necessary ting-dem.
CASSIUS. Pohtia, de-I gon?
BRUTUS. No mo, I-man beg de-I.
    Messala, I-man doun receev letta ya
    Dhat young Hoctavius an Maak Hantony
    Coum doung pon i-a wid a mighty powa,
    Aa benn dem aa benn dem' expeditian towaud Philippi.
MESSALA. I-man self av letta au de selfsaim ting-dem.
BRUTUS. Wid waw additian?
MESSALA. Dhat by scroll au dedt an bill au unlawfulness
    Hoctavius, Hantony, an Lepidus
    Doun poot to dedt a undred senita.
BRUTUS. Dae ina I-n-I' letta it no well agree;

I-man' own aa speak bowt sevnty senita dhat ded
By dem' scroll au dedt, Cicero im uon.
CASSIUS. Cicero uon!
MESSALA. Cicero im ded,
An by awda au de scroll au dedt.
De-I di ghet de-I' letta-dem from de-I' queen, I-man' boss?
BRUTUS. Na, Messala.
MESSALA. Nau nottn ina de-I' letta wriet bowt aah?
BRUTUS. Nottn, Messala.
MESSALA. Dhat, I-man aa tinck, dae straenj.
BRUTUS. Wie de-I aa aks? De-I eay henyting bowt aah ina de-I' own?
MESSALA. Na, I-man' boss.
BRUTUS. Now, as de-I dae a Roeman, tell I chue.
MESSALA. Den liek a Roeman beah de chuet I-man tell:
Faw sotain she dae ded, an by straenj manna.
BRUTUS. Wie, faewell, Pohtia. I-n-I av fe ded, Messala.
Wid I-man aa i-ditaet uons dhat she av fe ded
I-man av de patians fe enduo it now.
MESSALA. Eevn so graet jred graet loss fe enduo.
CASSIUS. I-man av as much au dis in teory as de-I,
Bot yet I-man' natia koon beah it so.
BRUTUS. Well, to I-n-I' wuck aliev. Waw de-I tinck
Bowt soon coum aa maach I-n-I aa maach aa Philippi?
CASSIUS. I-man dho tinck it good.
BRUTUS. De-I' reason?
CASSIUS. Dis aa it:
Ih betta dhat de henemy fieyn I-n-I;
So im aa gho waehs im' means, weary im' solja-dem,

Aa doo im aa doo imself wrong ting, whiel I-n-I, aa
   lay I-n-I aa lay still,
Dae full au ress, defenss, an nimblness.
BRUTUS. Good reason av fe ghih way to betta fe wuck.
   De peopl tween Philippi an dis groung
   Aa stan bot in a foess affectian,
   Fi dem doun grudj i-a contributian.
   De henemy, aa maach dem aa maach along by dem,
   By dem aa gho mek up a fulla numba,
   Coum on refresh, gheh add new, an encouraej;
   From waw advantaej I-n-I aa gho cut im off
   If aa Philippi I-n-I fais im dae,
   Dem-ya peopl at I-n-I' back.
CASSIUS. Eay I, good bredha.
BRUTUS. Unda de-I' paadn. De-I av fe noet besieds
   Dhat I-n-I doun try de utmoes au I-n-I' i-drin-dem,
   I-n-I' legian-dem dae brim-full, I-n-I' coz dae riep:
   De henemy aa increess hevry day;
   I-n-I, at de ieght, dae ready fe declien.
   It av a tied ina de actian au jred
   Waw, taik at de flood aa lead on to fottuen;
   Gheh omit, all de voyaej au dem' lief
   Gheh bog doung in shallow an misary.
   Pon such a full sea I-n-I now dae afloat,
   An I-n-I av fe taik de currant wen it aa sov,
   Aw looz I-n-I' ventia-dem.
CASSIUS. Den, wen de-I want, gwon;
   I-n-I 'o galang I-n-I self an meet dem aa Philippi.
BRUTUS. De deep au night now creep pon I-n-I' tauk,
   An natia av fe doo im' necessary ting,
   Waw I-n-I aa gho satisfie wid a licl ress.

It av no mo fe say?
CASSIUS. No mo. Good night.
Ully tomorrow I-n-I aa gho riez an galang.
BRUTUS. Lucius!

{Re-enta Lucius.}

I-man' gung. [Exit Lucius.]
Faewell, good Messala;
Good night, Titinius; upful, upful Cassius,
Good night an good repoez.
CASSIUS. O I-man' deah bredha!
Dis di dae a bad staat-out au de night.
Naeva coum such divisian between I-n-I' soul!
No mek ih dae so, Brutus.
BRUTUS. Hevryting dae well.
CASSIUS. Good night, I-man' boss.
BRUTUS. Good night, good bredha.
TITINIUS. MESSALA. Good night, Boss Brutus.
BRUTUS. Faewell, hevryuon.
[Exit all bot Brutus.]

{Re-enta Lucius, wid de gung.}

Ghih I de gung. Wae de-I' hinstrument dae?
LUCIUS. Ya ina de tent.
BRUTUS. Waw, de-I aa speak drowsy?
Poh wretch, I-man no blaim de-I, de-I doun ova-watch.
Call Claudio an som hodha au I-man' jred-dem,
I-man'o av dem sleep pon cushian ina I-man' tent.
LUCIUS. Varro an Claudio!

{Henta Varro an Claudio.}

VARRO. I-man' boss aa call?
BRUTUS. I-man beg oonu, Ras, laydoung ina I-man' tent an sleep;
>It kood dae I-man aa gho raiz de-I by an by
>Pon business to I-man' bredha Cassius.
VARRO. So pleez de-I self, I-n-I aa gho stannup an watch de-I' sleep good.
BRUTUS. I-man no want it so. Laydoung, good Ras oonu.
>Ih kood dae I-man aa gho hodhawiez chaenj up I-man' mieyn.
>Look Lucius, ya de book dae I-man look faw so;
>I-man d'poot it ina de pocket au I-man' gung.
>[Varro an Claudio laydoung.]
LUCIUS. I-man di dae shuo bossman, de-I diin ghih it I.
BRUTUS. Beah wid I, good bwoy, I-man aa fighetful a lot.
>De-I kood ohhl up de-I' aevy yiey-dem a whiel,
>An touch de-I' hinstrument a strain aw two?
LUCIUS. Yes-I, I-man' boss, as ih pleez de-I.
BRUTUS. It aa doo, I-man' bwoy.
>I-man troubl de-I too much, bot de-I dae willen.
LUCIUS. Aa I-man' jooty, Ras.
BRUTUS. I-man no fe press de-I' jooty pahs de-I' might;
>I-man know young blood-dem look fi a tiem au ress.
LUCIUS. I-man doun sleep, I-man' boss, aready.
BRUTUS. Aa good ting de-I di dweet, an de-I aa gho sleep again;
>I-man naa gho ohhl de-I long. If I-man liv,
>I-man aa gho dae good to de-I. [Music, an a song.]

Dis a sleepy tuen. O moudarus slumba,
De-I aa lay doung de-I' leadn wann pon I-man' bwoy
Oo aa play de-I music? Gencl wretch, good night.
I-man naa gho doo de-I so much wrong fe waik de-I
 up.
If de-I nod, de-I'o braek de-I' hinstrument;
I-man'o taik it from de-I; an, good bwoy, good night.
Mek I checkout, mek I checkout; de paej no gheh toun
 doung
Wae I-man d'leey off aa read? Ya it dae, I-man tinck.
 [Aa satta.]

{Henta de Ghohs au Ceazaa.}

Ow bad dis kiandl aa boun! Eh, oo aa coum ya?
 I-man tinck it aa de weakness au I-man' yiey-dem
 Dhat aa shaip dis himaej au a monsta.
 It aa coum pon I. De-I dae henyting?
 Aa de-I som jaja, som aenjal, aw som devil
 Dhat aa mek I-man' blood cohl an I-man' haih fe raiz?
 Speak to I waw de-I dae.
GHOHS. De-I' heevl spirit, Brutus.
BRUTUS. Wie de-I aa coum?
GHOHS. Fe tell de-I, de-I aa gho sight I up aa Philippi.
BRUTUS. Well, den I-man aa gho sightup de-I again?
GHOHS. Yes-I, aa Philippi.
BRUTUS. Wie, I-man aa gho sightup de-I aa Philippi den.
 [Exit Ghohs.]
 Now I-man doun taik ahht de-I aa vanish.
 Bad spirit, I-man waan ohhl mo tauk wid de-I.
 Bwoy! Lucius! Varro! Claudio! Ras oonu, waik up!

Claudio!
LUCIUS. De string-dem, I-man' boss, aa falss.
BRUTUS. Im aa tinck im still dae aa im' hinstrument.
 Lucius, waik up!
LUCIUS. I-man' boss?
BRUTUS. De-I di dream, Lucius, dhat de-I bawl out so?
LUCIUS. I-man' boss, I-man dho know dhat I-man di bawl.
BRUTUS. Seen, dhat de-I di doo. De-I di sightup henyting?
LUCIUS. Nottn, I-man' boss.
BRUTUS. Sleep again, Lucius. Yootman Claudio!
 [To Varro.] De-I fella, waik up!
VARRO. I-man' boss?
CLAUDIO. I-man' boss?
BRUTUS. Wie oonu di bawl out so, Ras, ina oonu' sleep?
VARRO. CLAUDIO. I-n-I di dweet, I-man' boss?
BRUTUS. Yes-I, de-I sightup henyting?
VARRO. Na, I-man' boss, I-man sightup nottn.
CLAUDIO. Nau I, I-man' boss.
BRUTUS. Go an tell ow I-man aa doo to I-man' bredha
 Cassius;
 tell im staat out im' powa-dem quick in front,
 An I-n-I aa gho folla.
VARRO. CLAUDIO. It aa gho gheh doo, I-man' boss. [Exit
 all.]

AC V,. SCEEN I.
De flatlan-dem au Philippi.

Henta Hoctavius, Hantony, an dem' Haamy.

HOCTAVIUS. Now, Hantony, I-n-I' oep gheh ansa.
    De-I say de henemy whoon coum doung,
    Bot keep de ihll an uppa regian.
    It no proov so. Dem' batl dae at aan;
    Dem mean fe tehs I-n-I ya ina Philippi,
    Aa ansa dem aa ansa befo I-n-I deman from dem.
HANTONY. Cho, I-man dae ina dem' bosom, an I-man know
    Fi waw dem dweet. Dem kood dae content
    Fe visit hodha plais, bot coum doung
    Wid frightnen braivry, aa tinck dem aa tinck by dis fais
    Fe fassn ina I-n-I' tawt dhat dem av couraej;
    Bot it no dae so.

{Henta a Messenja.}

MESSENJA. Oonu prepae, genaral.
    De henemy aa coum on in ghiallant show;
    Dem' bloody sign au batl gheh ang out,

An somting fe gheh doo right away.
HANTONY. Hoctavius, lead de-I' batl on slow,
  Pon de leff aan au de levl fheel.
HOCTAVIUS. Pon de right aan I, de-I keep pon de leff.
HANTONY. Wie de-I aa cross I ina dis crucial ting?
HOCTAVIUS. I-man no cross de-I, bot I-man aa gho dweet.

{Maach. Drum. Henta Brutus, Cassius, an dem' Haamy;
  Lucilius, Titinius, Messala, an hodhas.}

BRUTUS. Dem stannup, an waan fe ohhl peeys-tauk.
CASSIUS. Stan cloes, Titinius; I-n-I av fe out an tauk.
HOCTAVIUS. Maak Hantony, I-n-I aa gho ghih sign au
   batl?
HANTONY. Na, Ceazaa, I-n-I aa gho ansa pon dem' chaaj.
  Mek fawaud, de genaral-dem waan av som wudd.
HOCTAVIUS. Dho moov until de signal.
BRUTUS. Wudd befo blows. Aa so, countryman?
HOCTAVIUS. Naw dhat I-n-I lov wudd betta, liek de-I.
BRUTUS. Good wudd dae betta dan bad stroek, Hoctavius.
HANTONY. Ina de-I' bad stroek, Brutus, de-I ghih good
   wudd.
  Witness de hoel de-I mek ina Ceazaa' ahht,
  Aa bawl de-I aa bawl "Long liv! Hail, Ceazaa!"
CASSIUS. Hantony,
  De real weight au de-I' blows still no gheh know;
  Bot fi de-I' wudd-dem, dem rob de busyess bee-dem,
  An leey dem oenyless.
HANTONY. Naw stingless too.
BRUTUS. O, seen, an soungless too,
  Faw de-I doun steal dem' buzzen, Hantony,

An real wiez tretn befo de-I sting.
HANTONY. Jinal! Oonu diin doo so wen oonu' viel dagga-
dem
    Hack uon anodha ina de sied au Ceazaa.
    Oonu d'show oonu' teet liek aip, an fawn liek dog,
    An bow liek slaivbwoy, aa kiss oonu aa kiss Ceazaa' foot;
    Whiel daam Kiasca, liek a dog, behieyn
    Striek Ceazaa pon de neck. O oonu flattara!
CASSIUS. Flattara? Now, Brutus, tanck de-I self.
    Dis tung diin offenn so today,
    If Cassius didaa lead.
HOCTAVIUS. Coum, coum, de coz. If aa aague I-n-I aague mek i-a swet,
    De proof au it aa gho toun to redda drop.
    Look,
    I-man draw a soad gaints conspirata;
    Wen de-I tinck dhat de soad aa go up again?
    Naeva, till Ceazaa' chree an toty woong
    Gheh avenj good, aw till anodha Ceazaa
    Doun bring slaughta to de soad au traita.
BRUTUS. Ceazaa, de-I keya ded by traita' aan,
    Unless de-I bring dem wid de-I.
HOCTAVIUS. So I-man oep,
    I-man diin gheh bhon fe ded pon Brutus' soad.
BRUTUS. O, if de-I di dae de moes upful au de-I' strain,
    Young jred, de-I koon ded mo honnarabl.
CASSIUS. A idiat skool bwoy, wottless au such honna,
    Join wid a mascarada an a revella!
HANTONY. Ohl Cassius still!
HOCTAVIUS. Coum, Hantony, coum-way!

Defieens, oonu traita, aa huhl I-n-I self ina oonu' teet.
If oonu daer fight today, coum aa de fheel;
If not, wen oonu av stomach.
[Exit all: Hoctavius, Hantony, an dem' Haamy.]
CASSIUS. Wie, now, blow wiin, swell up waiv, an swim
    boat!
De stom dae up, an all ting dae in dainja.
BRUTUS. Wo, Lucilius! Lissn -- a wudd wid de-I.
LUCILIUS.   [Aa stan fawaud.] I-man'
    boss?
                [Brutus an Lucilius convos aloen.]
CASSIUS. Messala!
MESSALA. [Aa stan fawaud.] Waw I-man' genaral aa say?
CASSIUS. Messala,
    Dis aa I-man' bhutday, pon dis saim day
    Cassius di bhon. Ghih I de-I' aan, Messala.
    De-I dae I-man' witness dhat, againts I-man' will,
    As Pompey di doo, I-man gheh compell fe poot
    Pon uon batl all I-n-I' libaty-dem.
    De-I know dhat I-man ohhl Epicurus strong,
    An im' opinian. Now I-man chaenj I-man' mieyn,
    An in paat credit ting dhat ghih waunen.
    Aa coum I-n-I aa coum from Saadis, pon I-n-I' fomma
        flag-poel
    Two mighty eagl fall, an dae dem putch,
    Aa gojj dem aa gojj an aa nyam from I-n-I' solja-dem
        aan,
    Oo den coum wid I-n-I ya aa Philippi.
    Dis monnen dem juss flie-way an gon,
    An ina dem' plais Jan-crow, raevn, an kiet
    Flie ova I-n-I' edd an look doung pon i-a,

As if I-n-I di dae sick prey. Dem' shadow seem
A kianopy so fatal, unda waw
I-n-I' haamy laydoung, ready fe ghih up de ghohs.
MESSALA. Dho beleev so.
CASSIUS. I-man juss beleev it in paat,
Faw I-man dae fresh in spirit an resolv
Fe meet all peril real steady.
BRUTUS. Eevn so, Lucilius.
CASSIUS. Now, moes upful Brutus,
De jaja-dem today stan as i-drin dhat I-n-I kood,
Comrad in peeys, lead on I-n-I' days to ohl aej!
Bot, sinss de affaihs au jred still ress unsotain,
Mek I-n-I reason wid de woss dha kood fall out.
If I-n-I looz dis batl, den aa dis
De real lahs tiem I-n-I aa gho speak toghiada.
Waw de-I den dae detomin fe doo?
BRUTUS. Eevn by de ruel au dhat philosophy
By waw I-man di blaim Cato fi de dedt
Waw im di ghih imself-- I-man no know ow,
Bot I-man fieyn it a cowaud ting an viel,
Out au feah au waw might coum, to chaenj up
De coess au lief -- so aa aam I-man aa aam I-man self
  wid patians
Fe stop de mighty aan au som iegh powa
Dhat aa ruel I-n-I ya below.
CASSIUS. Den, if I-n-I looz dis batl,
De-I content fe gheh lead in triumph
Choo de street-dem au Roem?
BRUTUS. Na, Cassius, na. No tinck, de-I upful Roeman,
Dhat i-va Brutus aa gho go bieyn up aa Roem;

Im beah too graet a mieyn. Bot dis saim day
Av fe enn dhat wuck de ieds au Maach staat-out.
An wedda I-n-I aa gho meet again I-man no know.
Fi dis, I-n-I' i-valasten faewell taik.
Fi i-va, an fi i-va, faewell, Cassius!
If I-n-I meet again, wie, I-n-I aa gho smiel;
If naw so, wie den dis paaten di well mek.

CASSIUS. Fi i-va an fi i-va faewell, Brutus!
If I-n-I meet again, I-n-I 'o smiel fi real;
If naw so, aa chue dis paaten di well mek.

BRUTUS. Wie den, lead on. O, dhat a jred might know
De enn au dis day' business befo it coum!
Bot it aa nuff dhat de day aa gho enn,
An den de enn gheh know. Coum, wo! Go-way! [Exit all.]

SCEEN II.
De fheel au batl.

Alaam. Henta Brutus an Messala.

BRUTUS. Ried, ried, Messala, ried, an ghih dem-ya awdas
To de legian-dem pon de hodha sied. [Loud alaam.]
Mek dem staat out at uons, fi I-man sight up
Ongl cohl expressian ina Hoctavius' wing,
An suddn push aa ghih dem de ovachoh.
Ried, ried, Messala. Mek dem all coum doung. [Exit all.]

SCEEN III.
Anodha paat au de fheel.

Alaam-dem. Henta Cassius an Titinius.

CASSIUS. O, look, Titinius, look, de jinal-dem aa run-way!
    I-man self to I-man' own doun toun henemy.
    Dis ya flag-man au I-man' own didaa toun back;
    I-man kill de cowaud, an di taik it from im.
TITINIUS. O Cassius, Brutus ghih de wudd too ully,
    Oo, aa av im aa av som advantaej pon Hoctavius,
    Taik it too eaga. Im' solja-dem fall to spoil,
    Whiel I-n-I by Hantony gheh all cloes in.

{Henta Pindarus.}

PINDARUS. Run way off, I-man' boss, run way off;
    Maak Hantony dae ina de-I' tent-dem, I-man' boss;
    Fi dis, run-way, upful Cassius, run way off.
CASSIUS. Dis ihll dae nuff faa. Look, look, Titinius:
    Dem-dae aa I-man' tent-dem wae I-man sight up de
      fiea?
TITINIUS. Dem aa it, I-man' boss.
CASSIUS. Titinius, if de-I lov I,
    Mount up I-man' oss an ied de-I' spuh-dem ina im,
    Till im doun bring de-I up aa yonda troop
    An back ya, dhat I-man kood ress ashuo

Wedda yonda troop-dem aa i-drin aw henemy.
TITINIUS. I-man aa gho dae back ya, eevn wid a tawt.
   [Exit.]
CASSIUS. Go, Pindarus, ghet iegha pon dhat ihll;
   I-man' sight di i-va dae tihk; look aad, Titinius,
   An tell I waw de-I aa noet bowt de fheel.
                [Pindarus go up de ihll.]
   Dis day I-man d'breeyd fhus: tiem now coum roung,
   An wae I-man di staat-out, dae I-man aa gho enn;
   I-man' lief now run ih' compass. Yootman, waw
     news?
PINDARUS. [Up ova.] O I-man' boss!
CASSIUS. Waw news?
PINDARUS. [Up ova.] Titinius gheh cloes in roung bowt
   Wid ossman, dhat aa mek fe im pon de spuh;
   Yet im aa spuh on. Now dem dae almoes pon im.
   Now, Titinius! Now som aa jump doung. O, im too aa
     jump doung.
   Im gheh taik [Shout.] An, lissn! Dem shout fi joy.
CASSIUS. Coum doung; sight up no mo.
   O, cowaud dhat I-man dae, fe liv so long,
   Fe sightup I-man' bess i-drin taik in front I-man' fais!
   [Pindarus aa coum doung].
   Coum by ya, yootman.
   Ina Paattia I-man di taik de-I prisona,
   An den de-I sweah I, aa saiv I-man aa saiv de-I' lief,
   Dhat wawsoever I-man di tell de-I doo,
   De-I fe attemp it. Coum now, keep de-I' oett;
   Now dae a freejred, an wid dis good soad,
   Dha d'run choo Ceazaa' bowel-dem, sutch dis bosom.
   Dho stop fe ansa: right ya, taik de ihlt;

AC V, SCEEN IV   Julias Ceazaa

   An wen I-man' fais gheh cova, as ih dae now,
      Guied de soad. [Pindarus stab im.] Ceazaa, de-I gheh revenj,
   Eevn wid de soad dha d'kill de-I. [Im aa ded.]
PINDARUS. So, I-man dae free, yet diin waan dae so,
      If I-man kooda doo I-man' own-aa will. O Cassius!
      Faa from dis country Pindarus aa gho run,
      Wae naeva Roeman aa gho taik noet au im. [Exit.]

{Re-enta Titinius wid Messala.}

MESSALA. Aa juss chaenj, Titinius, faw Hoctavius
      Gheh ovachoh by upful Brutus' powa,
      As Cassius' legian-dem gheh doo by Hantony.
TITINIUS. Dem-ya good news aa gho well comfot Cassius.
MESSALA. Wae de-I di leey im?
TITINIUS. All inconsolabl,
      Wid Pindarus im' slaivbwoy, pon dis ihll.
MESSALA. Aa no im dhat aa laydoung pon de groung?
TITINIUS. Im no laydoung liek de liven. O I-man' ahht!
MESSALA. Dhat no dae im?
TITINIUS. Na, dis im di dae, Messala,
      Bot Cassius no dae no mo. O sun dhat aa set,
      As ina de-I' red ray-dem de-I aa sink tonight,
      So ina im red blood Cassius' day now set,
      De sun au Roem, it set! I-n-I' day gon;
      Cloud, djew, an dainja aa coum; I-n-I' ting-dem doun!
      Mischruss au I-man' success doun doo dis ting.
MESSALA. Mischruss au good success doun doo dis ting.
      O wrong wrong chois, no-confidens' progeny,
      Wie de-I aa show to de good tawt au jred

De ting-dem wae no dae? O wrong chois, soon tinck
    bowt,
De-I naeva coum to a appy bhut,
Bot kill de mooma dhat ghih bhut tu de-I!
TITINIUS. Waw, Pindarus! Wae de-I dae, Pindarus?
MESSALA. Fieyn im, Titinius, whiel I-man go fe meet
    De upful Brutus, aa jook I-man aa jook dis repoat
    Ina im aez. I-man kood say "aa jook" it,
    Faw steel dhat aa peays an daat wid venam
    Aa gho dae as welcoum to de aez au Brutus
    As de news au dis sight.
TITINIUS. Urry, Messala,
    An I-man aa gho look fi Pindarus de whiel. [Exit
        Messala.]
    Wie de-I di senn I owt, braiv Cassius?
    I-man diin meet de-I' i-drin-dem? An dem diin
    Poot pon I-man' brow dis wreadt au victry,
    An tell I ghih it de-I? De-I diin eay dem' shout-dem?
    Oyoy, de-I doun misovastan hevryting!
    Bot, ohhl de-I self, taik dis ghiaalan pon de-I' brow;
    De-I' Brutus tell I ghih it de-I, an I-man
    Aa gho doo waw im say. Brutus, coum quick,
    An checkout ow I-man reghiad Kieus Cassius.
    By de-I' leev, oonu jaja, dis a real Roeman' paat.
    Coum, Cassius' soad, an fieyn Titinius' ahht.
    [Aa kill imself.]

{Alaam. Re-enta Messala, wid Brutus, young Cato, an
    hodhas.}

BRUTUS. Wae, wae, Messala, im' body aa laydoung?

MESSALA. Look, yonda, an Titinius aa moen im aa moen it.
BRUTUS. Titinius' fais dae upwaud.
CATO. Im gheh kill.
BRUTUS. O Julias Ceazaa, de-I dae mighty still!
    De-I spirit aa wauk roung, an aa toun I-n-I' soad-dem
    Ina I-n-I' own-aa guts. [Low alaam-dem.]
CATO. Braiv Titinius!
    Look wedda im no croung ded Cassius!
BRUTUS. Two Roeman still aa liv such as dem-ya?
    De lahs au all de Roeman-dem, fae oonu well!
    It aa impossabl dhat i-va Roem
    Fe breed de-I' equal. I-drin oonu, I-man oew mo teahs
    To dis ded jred dan oonu aa gho sightup I pay.
    I-man aa gho fieyn tiem, Cassius, I-man aa gho fieyn
      tiem.
    Fi dis, coum, an aa Tassos senn im' body;
    Im funaral naa gho dae ina I-n-I' kiamp,
    Lehs it discomfot i-a. Lucilius, coum,
    An coum, young Cato; mek I-n-I go aa de fheel.
    Labio an Flavio, staat out I-n-I' batl-dem.
    Aa chree o'clock, an Roeman oonu, befo night
    I-n-I aa gho try fottuen in a seccan fight. [Exit all.]

SCEEN IV.
Anodha paat au de fheel.

Alaam. Henta, aa fight dem aa fight, Solja from boht haamy;
    den Brutus, young Cato, Lucilius, an hodhas.

BRUTUS. Still, countryman, O, still ohhl up oonu' edd!

CATO. Waw bastaad no dweet? Oo aa gho go wid I?
    I-man aa gho shout out I-man' naim roung bowt de fheel.
    I-man aa de son au Maacus Cato, wo!
    A foe to tyrant, an I-man' country' i-drin.
    I-man aa de son au Maacus Cato, wo!
BRUTUS. An I-man aa Brutus, Maacus Brutus, I;
    Brutus, I-man' country' i-drin; know I fi Brutus! [Exit.]
LUCILIUS. Ah, young an upful Cato, de-I dae doung?
    Wie, now de-I aa ded as braiv as Titinius,
    An kood gheh honna, aa Cato' son de-I aa Cato' son.
FHUS SOLJA. Yeel, aw de-I aa ded.
LUCILIUS. I-man yeel ongl fe ded.
    [Offa dunza.] So much dae dae dhat de-I aa gho kill I straight:
    Kill Brutus, an gheh honna ina im' dedt.
FHUS SOLJA. I-n-I no fe dweet. A upful prisona!
SECCAN SOLJA. Room, wo! Tell Hantony, Brutus gheh taik.
FHUS SOLJA. I-man'o tell de news. Ya de genaral aa coum.

{Henta Hantony.}

    Brutus gheh taik, Brutus gheh taik, I-man' boss.
HANTONY. Wae im dae?
LUCILIUS. Saif, Hantony, Brutus dae nuff saif.
    I-man kood ashuo de-I dhat no henemy
    Aa gho i-va taik aliev de upful Brutus;
    De jaja-dem defenn im from so graet a shaim!
    Wen de-I fieyn im, iedha aliev aw ded,
    Im aa gho gheh fieyn liek Brutus, liek imself.

HANTONY. Dis no dae Brutus, i-drin, bot, I-man ashuo de-I,
   A priez no less in wott. Keep dis jred saif,
   Ghih im all kieynness; I-man di radha av
   Such jred I-man' i-drin dan henemy. Gwon,
   An checkout wedda Brutus dae aliev aw ded,
   An bring i-a wudd ina Hoctavius' tent
   Ow hevryting aa appn. [Exit all.]

SCEEN V.
Anodha paat au de fheel.

Henta Brutus, Daddanius, Clitus, Strato, an Volumnius.

BRUTUS. Coum i-drin, oonu poh sovieva, ress pon dis rock.
CLITUS. Statilius d'show de toechlight, bot, I-man' boss,
   Im no coum back. Im gheh taik aw kill.
BRUTUS. Satta, Clitus. Killen aa de wudd:
   It a ting in fashian. Lissn de-I, Clitus. [Aa whispa.]
CLITUS. Waw, I, I-man' boss? Na, naw fi all de i-raytian.
BRUTUS. Peeys den, no wudd.
CLITUS. I-man'o radha kill I-man self.
BRUTUS. Lissn de-I, Daddanius. [Aa whispa.]
DADDANIUS. I-man aa gho doo such a ting?
CLITUS. O Daddanius!
DADDANIUS. O Clitus!
CLITUS. Waw bad requess Brutus di mek aa de-I?
DADDANIUS. Fe kill im, Clitus. Look, im aa i-ditaet.

CLITUS. Now dhat upful vessel dae full au greef,
>Dhat it aa run ova eevn at im' yiey.
BRUTUS. Coum on ya, good Volumnius, lissn a wudd.
VOLUMNIUS. Waw de-I aa say I-man' boss?
BRUTUS. Wie, dis, Volumnius:
>De ghohs au Ceazaa doun appeah to I
>Two tiem aready by night; ina Saadis uons,
>An dis lahs night right ya ina Philippi fheel.
>I-man know I-man' i-ua now coum.
VOLUMNIUS. Naw so, I-man' boss.
BRUTUS. Naa -- I-man dae shuo it dae so, Volumnius.
>De-I aa sightup de i-raytian, Volumnius, ow it aa go;
>I-n-I' henemy-dem doun chaes I-n-I to de pit; [Low alaam.]
>It dae mo wotty fe jump in I-n-I self
>Dan wait roung till dem aa push i-a. Good Volumnius,
>De-I know dhat I-n-I two di go aa skool toghiada;
>Eevn fi dhat I-n-I' lov from ohl-tiem, I-man beg de-I,
>Ohhl I-man' soad-andl, whiel aa run I-man aa run pon it.
VOLUMNIUS. Dhat no dae a jooty fi a i-drin, I-man' boss.
[Alaam still.]
CLITUS. Run-way, run-way, I-man' boss, it no av no waiten roung ya.
BRUTUS. Faewell to de-I, an de-I, an de-I, Volumnius.
>Strato, de-I di dae all dis whiel asleep;
>Faewell to de-I too, Strato. Countryman oonu,
>I-man' ahht aa mek joy dhat yet ina all I-man' lief
>I-man no fieyn no jred bot im di dae chue to I.
>I-man aa gho av glory by dis day waw I-man looz,
>Mo dan Hoctavius an Maak Hantony

AC V, SCEEN V   Julias Ceazaa   215

>By dis viel conquess aa gho ghet.
>So, fae oonu well at uons, fi Brutus' tung
>Doun almoes enn im' lief' histry.
>Night aa ang pon I-man' yiey-dem, I-man' boen-dem
>   waan ress
>Waw doun bot laiba fe ghet to dis i-ua.
>   [Alaam. Bawl insied, "Run-way, run-way!"]

CLITUS. Run-way, I-man' boss, run-way.
BRUTUS. Galang! I-man aa gho folla.
>   [Exit all: Clitus, Daddanius, an Volumnius.]
>I-man beg de-I, Strato, stay back by de-I' boss.
>De-I a fella wid a good respeck;
>De-I' lief di av som bit au honna ina it.
>Ohhl den I-man' soad, an toun-way de-I' fais,
>Whiel I-man aa run pon it. De-I aa gho dweet, Strato?

STRATO. Ghih I de-I' aan fhus. Fae de-I well, I-man' boss.
BRUTUS. Faewell, good Strato. [Aa run pon im' soad].
>Ceazaa, now dae still;
>I-man diin kill de-I wid ahhf so good a will. [Aa ded.]

{Alaam. Retreat. Henta Hoctavius, Hantony, Messala,
>   Lucilius, an de Haamy.}

HOCTAVIUS. Waw jred aa dhat?
MESSALA. I-man' masta' jred. Strato, wae de-I' masta dae?
STRATO. Free from de bonndaej de-I dae ina, Messala:
>De conqcara-dem kood ongl mek a fiea wid im;
>Faw Brutus aloen ovacoum imself,
>An no jred els av honna by im' dedt.

LUCILIUS. So Brutus fe gheh fieyn. I-man tanck de-I,
>   Brutus,

Dhat de-I doun proov Lucilius' wudd-dem chue.
HOCTAVIUS. All oo d'sov Brutus, I-man aa gho mek plais
fe dem.
Fella, de-I aa gho sov out de-I' tiem wid I?
STRATO. Yes-I, if Messala aa gho tell I go wid de-I.
HOCTAVIUS. Dweet, good Messala.
MESSALA. Ow I-man' masta di ded, Strato?
STRATO. I-man ohhl de soad, an im di run pon it.
MESSALA. Hoctavius, den taik im fe folla de-I
Oo di doo de lahs good sovis fi I-man' masta.
HANTONY. Dis di dae de moes upful Roeman au dem all.
All de conspirata-dem, saiv im aloen,
Di doo waw dem di doo in envy au graet Ceazaa;
Im aloen, in a unselfish honnis tawt
An comman good to all, d'mek uon au dem.
Im' lief di dae gencl, an de element-dem
So mix ina im dhat Natia kood stannup
An say to all de i-raytian, "Dis di dae a jred!"
HOCTAVIUS. Accodden to im' votue mek i-a ues im
Wid all respeck ina de buryal.
Ina I-man' tent im' boen-dem tonight aa gho laydoung,
Juss liek a solja, treat wid honna.
So call de fheel to ress, an mek I-n-I go-way,
Fe paat de glory-dem au dis appy day. [Exit all.]

DE ENN